Para el amigo de
siempre, seguro de
q' comenzaremos una
segunda etapa!

Gabriel.

REDEFINICIÓN DEL ESPACIO PÚBLICO:
Eslabonamiento conceptual y seguimiento de las políticas públicas en colombia

GABRIEL MURILLO Y VICTORIA GÓMEZ

COMPILADORES

UNIVERSIDAD DE LOS ANDES
FACULTAD DE CIENCIAS SOCIALES
DEPARTAMENTO DE CIENCIA POLÍTICA
WOODROW WILSON CENTER FOR INTERNATIONAL SCHOLARS
-PROGRAMA LATINOAMERICANO-

La redefinición del espacio público: eslabonamiento conceptual y seguimiento de las políticas públicas en Colombia/compilado por Gabriel Murillo y Victoria Gómez. – Bogotá: Universidad de los Andes, Facultad de Ciencias Sociales, Departamento de Ciencia Política: Woodrow Wilson Internacional Center for Scholars, Programa Latinoamericano: Inter-American Foundation,[2005] p.170; 14x23 cm.

ISBN 958-695-181-2

1 . Espacio público - Colombia 2. Política urbana - Colombia 3. Urbanismo - Colombia I. Murillo Castaño, Gabriel, comp. II. Gómez, Victoria, comp. III. Universidad de los Andes (Colombia). Facultad de Ciencias Sociales. Departamento de Ciencia Política IV. Woodrow Wilson Internacional Center for Scholars. Latin American Program V. Inter-American Foundation

CDD 711.5   SBUA

Primera edición: Agosto de 2005

© Gabriel Murillo Castaño
© Victoria Gómez Segura

©Universidad de Los Andes
Facultad de Ciencias Sociales
Departamento de Ciencia Política
Teléfono: 3394949 – 3394999. Ext: 2612-3348
Bogotá D.C., Colombia
http://c-politica.uniandes.edu.co

Ediciones Uniandes
Carrera 1ª. No 19-27. Edificio AU 6
Bogotá D.C., Colombia
Teléfono: 3394949- 3394999. Ext: 2133. Fáx: Ext. 2158
http//:ediciones.uniandes.edu.co
infeduni@uniandes.edu.co

©Woodrow Wilson Internacional Center for Scholars
Ronald Reagan Building and International Trade Center
One Woodrow Wilson Plaza
1300 Pennsylvania Ave., NW
Washington, DC 20004-3027
202/691-4000
http://wwics.si.edu/
mccarters@wwic.si.edu

ISBN: 958-695-181-2

Corrección de estilo: Nathalia Castañeda Aponte
Diseño gráfico, preprensa y prensa:
Corcas Editores
Bogotá, Colombia
www.corcaseditores.com
info@corcaseditores.com
Diseño de Cubierta: Germán Camacho

Impreso en Colombia – Printed in Colombia

CONTENIDO

CONTENIDO

AGRADECIMIENTOS

Esta publicación es el producto de una experiencia continua de deliberación y análisis entre académicos, ciudadanos, actores políticos y organizaciones interesados en el desarrollo democrático de América Latina. Los textos que aquí se incluyen son el resultado de la dedicación de personas comprometidas, no sólo con la investigación sino con la búsqueda del cambio de las condiciones económicas, sociales, políticas y culturales de la Región, considerada muchas veces como paradigma de los proyectos por realizar y otras tantas como causa perdida. A cada una de las personas que abrazaron la idea, muchas gracias por haber acudido al llamado que sustenta este proyecto y haberlo enriquecido con la calidad, continuidad y seriedad de su trabajo.

Desde luego, nada de lo que se concreta en esta publicación habría ocurrido sin el apoyo y la confianza brindados por las instituciones que nos respaldan. La gratitud especial y extensiva para Andrew Selee, Cynthia Arnson y Trisha Fields, del Woodrow Wilson Center, así como para Paula Durbin, Ramón Daubon y Heidi Smith, de la Inter-American Foundation. Su conocimiento, especial atención a los temas colombianos y acompañamiento en el desarrollo de nuestro trabajo aportan un valor incalculable.

No menos importante fue el decidido apoyo que le brindaron al proyecto la Fundación Terpel y el Fondo de Prevención y Seguridad Vial. El compromiso de estas dos entidades con el fortalecimiento de la cultura ciudadana en Colombia es un recurso invaluable para la continuidad de los esfuerzos interinstitucionales, tanto en la formulación de nuevas políticas sobre espacio público como en la identificación de nuevas líneas de investigación en esta temática. Sabemos que no sólo la coincidencia de intereses genera la colaboración. La capacidad de hacer equipo en una causa común tiene que ver, también, con el valor de cada una de las personas que lo integran.

Finalmente, mil gracias al equipo joven de politólogas que, con su buena voluntad y dedicación, aportaron esfuerzo y horas de trabajo "tras bambalinas". Para el grupo impecablemente coordinado por Victoria Carolina Gómez y compuesto por Sandra Martínez, Nathalia Castañeda, Natalia Rodríguez y Tatiana Márquez, efusivamente, ¡gracias! También, para los colegas del Departamento de Ciencia Política de la Universidad de los Andes que nos acompañaron y apoyaron en el Taller: Ann Mason, la Directora, y Luis Javier Orjuela, Angelika Rettberg e Iván Orozco. Igualmente, para el Decano de la Facultad de Ciencias Sociales, Carl Langebaek, para el equipo del Centro de Estudios Socio Culturales, CESO, por su colaboración en el manejo eficiente de los recursos y, muy especialmente, para el Rector de la Universidad, Carlos Angulo G. El respaldo personal e institucional de cada uno de ellos ha sido el impulso fundamental para el logro de nuestros objetivos y, también, lo será para continuar en el estudio de esta temática.

Gabriel Murillo, Bogotá, julio de 2005.

INTRODUCCIÓN

Victoria Gómez[*]

El transcurrir de las actividades de los habitantes, en el entramado urbano de una ciudad en plena efervescencia, presenta una oportunidad formidable para reconocer su compleja esencia relacional y su realidad como lugar-espacio por excelencia para la expresión de la ciudadanía, considerada como valor y expresión fundamental de una democracia robusta.

Desde este punto de vista, para la ciudad son tan imprescindibles la vía, la plaza pública, la alameda, etc. (que podrían designarse como los elementos constitutivos de la infraestructura y el mobiliario urbano –la parte tangible), como los vínculos sociales, las percepciones, el valor simbólico y el sentido de pertenencia que se genera entre sus habitantes (la parte subjetiva e intangible). Estas dimensiones son variables que desempeñan una función en la comprensión de lo que es Espacio Público pero que, especialmente, indican la gran complejidad de una categoría que sobrepasa las definiciones funcionales y convencionales sobre este fenómeno social, político y económico.

Considerando lo anterior, ni el lenguaje de la Arquitectura ni el del Urbanismo serán suficientes para dar cuenta del significado de las transformaciones por las que, continuamente, atraviesan las ciudades. Esto resulta especialmente significativo en el caso de los países latinoamericanos, teniendo en cuenta que el impacto de procesos mundiales como la transnacionalización de la economía, conocida como globalización, junto con los cambios sociales que la acompañan y sustentan, ha tenido su expresión en fenómenos reveladores: el aumento de la pobreza y la marginalidad en las ciudades, que acentúan una tendencia hacia la fragmentación urbana (entre sectores urbanos y clases sociales), y que contrastan fuertemente con los grandes proyectos de construcción de complejos comerciales, institucionales y de negocios que atentan contra el sentido público, propio de este ámbito.

En este sentido, y sin desconocer la pertinencia de los aportes aislados provenientes de la Ciencia Política para intentar una comprensión que permita contrarrestar el peligroso embate de las tendencias hacia la privatización de lo público, la denominada *agorafobia,* es necesario un trabajo académico

---

* Politóloga, Universidad de los Andes. Coordinadora de la publicación.

interdisciplinario de largo aliento en el que se revisen los cambios y la evolución del espacio público en varias latitudes, los diferentes esfuerzos analíticos realizados y las tendencias de las políticas públicas existentes en esta materia. Esto con el fin de evitar uno de los mayores riesgos de todo análisis, el reduccionismo formal, a expensas de un estudio cabal que involucre los usos del espacio público, las prácticas concretas que en torno a él se generan, la producción de un sentido y las atribuciones de valor que las personas le adjudican, así como su comportamiento al respecto.

Sin duda, una interpretación ofrecida desde este ángulo conlleva a un amplio esfuerzo, en donde entran a jugar vectores teórico-analíticos provenientes de la Sociología, la Historia, la Ciencia Política, la Economía, el Derecho, la Arquitectura, el Urbanismo y la Estética, entre otras disciplinas. Por fortuna, dentro de este esfuerzo multidisciplinario se han venido ubicando varios proyectos que, aun sin abarcar cada una de las dimensiones del estudio del Espacio Público, hacen un reconocimiento explícito de la pluridimensionalidad y complejidad del concepto, planteando la amplitud de su campo de estudio. En dichos proyectos, se formula la tarea de comprender el concepto y, fundamentalmente, de vincularlo con procesos de desarrollo social e institucional[1].

Tal es el caso del proyecto hemisférico impulsado por el Woodrow Wilson Center for International Scholars, WWICS, que en colaboración con la Interamerican Foundation, IAF, y la Universidad de los Andes, convocaron la realización del taller *Redefinición del Espacio Público en Colombia*. Éste hace parte del proyecto más amplio de Innovación Democrática en el Espacio Local, abanderado por el Programa Latinoamericano del WWICS, el cual se integra con esfuerzos de discusión similares en distintas latitudes de América Latina para promover el análisis de temas como la ciudadanía, la gobernabilidad democrática y la descentralización, y hacer claridad sobre sus relaciones e implicaciones, así como para abrir el debate acerca de categorías que no son del todo precisas, ni para la comunidad académica ni para los actores políticos en ejercicio.

---

1   Es el caso del seminario realizado en la Universidad de Texas en Austin. College of Liberal Arts, Mexican Center of LLILAS, Andrew W. Mellon Doctoral Fellowship Program in Latin American Sociology, "The End of Public Space in Latin American City?". Marzo 4 y 5 de 2004.

En este sentido, el tema del Espacio Público no es un accidente, ya que si se consideran válidas las afirmaciones que lo catalogan como un espacio relacional en donde se construyen distintas apreciaciones sobre el significado y el valor de lo público, éste puede comprenderse como una categoría fundamentalmente política, provista de un impacto definitivo sobre el desarrollo o atraso de una ciudad o una sociedad, pues tiene la facultad singular y privilegiada de generar sentido de apropiación y pertenencia, a partir de la inversión en obras públicas o, inversamente, la capacidad de promover grandes proyectos urbanos a partir de la presencia de factores intangibles, como la cultura cívica y el activismo ciudadano racional, responsable y reivindicativo.

Así pues, como parte del esfuerzo por colaborar con el debate sobre temas de fuerte impacto para el desarrollo institucional y, también, para aportar elementos al diseño de las políticas públicas urbanas, se presenta esta publicación que recoge las memorias del taller *Redefinición del Espacio Público en Colombia*. En este evento, se formularon planteamientos importantes acerca de lo que se ha llamado *redefinición del espacio público,* como un proceso evidenciado, entre otras cosas, por el cambio de los usos y la importancia de intervención gubernamental en el Espacio Público, pero que deja ver, principalmente, la reorganización real y simbólica de la ciudad como resultado de la forma de vivirla, relacionarla y construirla, consecuentemente con su significado y contundencia en la posmodernidad.

Con el ánimo de hacer un ejercicio introductorio, y desde luego inacabado, el taller sobre redefinición del espacio público realizado en Colombia y los documentos recogidos en este texto, correspondientes a las presentaciones, son el reflejo de una propuesta académica que se suma a la de los otros grupos de discusión y estudio existentes en distintos países integrados en el Programa Latinoamericano del WWICS (Argentina, Bolivia, Brasil, Guatemala y México), todos con el objetivo compartido de hacer un acercamiento, desde varias perspectivas y aristas disciplinarias, siempre teniendo en cuenta la descentralización y el elemento participativo de los factores más influyentes en el fortalecimiento democrático de la Región.

En esta medida, reconocer la importancia del estudio del Espacio Público, de su redefinición, de los diferentes proyectos urbanos que están ejecutándose en las ciudades colombianas, y la relación con el fortalecimiento institucional y gestación o no de una escala de valores ciudadanos, son aspectos tratados en las distintas ponencias que componen esta publicación. De allí que las reflexiones realizadas por los distintos autores, cada uno desde su disciplina y trasfondo profesional, constituyan una buena referencia para un debate algo más complejo e interdisciplinario sobre el Espacio Público. Esto teniendo en cuenta que, a nivel general, la lógica de este ejercicio académico busca reflejar las distintas aproximaciones al objeto de estudio y, en lo particular, dar cuenta del importante esfuerzo de las diferentes administraciones públicas de Bogotá y otras ciudades colombianas por desarrollar obras de inversión pública y/o privada en infraestructura urbana, así como por promover procesos intangibles de cambio y construcción de ciudadanía en las dinámicas urbanas. Pero más allá de esta idea, con esta lógica pretende ofrecerse un acercamiento integrador que refleje, como la misma categoría de análisis lo sugiere, la vinculación de las motivaciones investigativas y metodológicas con las políticas públicas. Después de todo, la presencia de los ex alcaldes de Bogotá y de representantes de instituciones públicas en este taller no es más que el reflejo urgente de darle coherencia al desarrollo de las tareas académicas, con la posibilidad de considerar sus conclusiones en el diseño y ejecución de nuevas políticas públicas sobre el espacio urbano. Desde luego, la secuencia estudio-diseño de políticas de espacio público no asegura su éxito, pero manifiesta la necesidad, siempre vigente, de comprender un fenómeno antes de pretender intervenirlo. En este caso, por su impacto social definitivo para el desarrollo de nuestras ciudades, el Espacio Público ocupó el centro del debate y se posicionó a la altura de los ejes temáticos tratados en los otros proyectos que conforman este trabajo liderado por el WWICS[2].

La presentación de las ponencias que integran esta publicación sigue la lógica del taller realizado el 13 de mayo de 2005 por el Departamento de Ciencia Política de la Universidad de los Andes, y responde, básicamente, a la necesidad de hacer claridad sobre la difusa noción de Espacio Público, para luego entrar a elaborar consideraciones concretas de carácter propositivo sobre su fortalecimiento integral en Colombia y América Latina. Así, se cumple el objetivo de relacionar las consideraciones novedosas y críticas sobre las políticas de

---

2   Por países, los componentes del proyecto hemisférico Innovación Democrática en el Espacio Local son:
    • Argentina: Presupuesto Participativo en Rosario y Buenos Aires. Universidad Torcuato di Tella.
    • Bolivia: Ley de Participación Popular. CERES / Universidad San Martín.
    • Brasil: Presupuesto Participativo en el Noreste de Brasil. Universidad Nacional de Pernambuco.
    • Colombia: Redefinición del Espacio Público. Universidad de los Andes.
    • Guatemala: Los Consejos de Desarrollo Local. Universidad San Carlos / FLACSO.
    • México: Cambio Político en Municipios Indígenas de Oaxaca y Chiapas. Grupo de Estudios para el Desarrollo Institucional.

redefinición del Espacio Público, con otras líneas de política pública incidentales en el fortalecimiento de la participación ciudadana y la descentralización. Este ejercicio académico se definió de esta manera, con el ánimo de trascender el diagnóstico y fortalecer las agendas deliberativas y propositivas, para generar nuevas líneas de investigación y conocimiento acerca de esta realidad.

En la primera presentación, Gabriel Murillo, profesor Titular del Departamento de Ciencia Política de la Universidad de los Andes en Bogotá-Colombia, y Tatiana Márquez, estudiante de último semestre del programa de pregrado de Ciencia Política de la misma Universidad, formulan un análisis desagregado en dos sentidos. El primero consiste en una aproximación sistemática desde la filosofía política al concepto de Espacio Público, en donde se afirma la importancia de la existencia complementaria de los componentes *tangibles* e *intangibles* que, relacionados, constituyen las diferentes características ideales del Espacio Público. En segunda instancia, abordan una revisión detallada y comparada de las políticas de espacio público en Bogotá desde 1992, año en el cual, según los autores, comienza un período de cambio positivo para la ciudad y de continuidad en el direccionamiento de las políticas urbanas que, finalmente, conlleva a que en la capital se haya experimentado uno de los procesos de transformación urbana más importantes logrados a través de las cinco alcaldías mayores, comprendidas entre 1992 y 2005. En esta propuesta, se desarrollan conceptos e hipótesis en torno a una noción ampliada de Espacio Público, que fusiona sus elementos tangibles e intangibles para concluir con la reafirmación del tema como una línea de política pública necesaria para el fortalecimiento de la participación ciudadana, la descentralización y el robustecimiento de la democracia.

En la segunda presentación, Antanas Mockus, matemático, filósofo y ex Alcalde Mayor de Bogotá, siguiendo la línea de la dimensión "no visible" del Espacio Público, elabora una argumentación en la que presenta los elementos que contribuyeron a que las políticas recientes sobre Espacio Público se gestaran en la ciudad capital de Colombia. El autor explica cómo a partir de 1995 (primera administración Mockus), desde la alcaldía, se planearon y gestionaron las medidas de política en las cuales la idea fundamental era proyectar al Espacio Público como un lugar *sagrado* y privilegiado para el encuentro entre extraños, convirtiéndose en escenario para fortalecer la existencia de normas sociales para la convivencia. Así, la idea fundamental desde esta perspectiva ha sido el cambio cultural y la construcción de ciudadanía, que han acompañado la transformación urbana experimentada en Bogotá. También, el autor enumera meticulosamente las principales innovaciones urbanas ocurridas durante su paso por la alcaldía, en donde se resaltan los logros de una política de Espacio Público para el progreso de la ciudad, fundamentada en la recuperación del sentido de lo *público,* la defensa del patrimonio común, la concurrencia de la valoración moral individual, el respeto a la ley y la sanción social.

Por otro lado, la presentación de Enrique Peñalosa promueve la idea de que la cantidad y la calidad del espacio público peatonal determinan, de manera fundamental, la calidad de una ciudad. (La exposición resalta la relevancia que el mobiliario urbano tiene en la conformación de una ciudad más humana). El ideal de ciudad que difunde el autor es aquel en el cual, mediante una reforma urbana, se promueva la igualdad de los ciudadanos sobre la base de que los privilegios no sean para sectores minoritarios (automotores) de las clases altas, y en donde el peatón sea prioritario. Asimismo, se resalta la necesidad de estimular más espacios para la interacción entre las personas y no para los vehículos, pues sólo cuando se note la verdadera importancia de las alamedas, aceras, plazas, ciclorrutas y parques, las vías para los automóviles dejarán de ser lo primordial, dando cabida a que niños, jóvenes, adultos y ancianos compartan su tiempo libre en comunidad, y aprovechen el patrimonio de todos: el Espacio Público.

La politóloga mexicana Leticia Santín, investigadora y secretaria de la Red de Investigadores en Gobiernos Locales Mexicanos, A. C. (IGLOM) y Directora de Ágora, Gabinete de Análisis e Investigación para el Desarrollo, introduce uno de los aspectos centrales en el debate sobre la redefinición del Espacio Público: la ética. En su ponencia, Santín se detiene y explora el problema de los valores necesarios para que se presente el intercambio en el escenario público por excelencia, el Espacio Público, sin perder de vista que ésta es una cuestión que se remonta a los cuestionamientos clásicos sobre las nociones de lo público y lo privado, así como a las relaciones sociales que se reflejan en cada una de estas esferas. Este abordaje se expone ampliamente en la primera parte de su exposición, mientras que la segunda trata situaciones más concretas relativas a experiencias participativas de regeneración del Espacio Público en México, y concluye con la influencia de la vida comunitaria como *eje medular* de la redefinición del Espacio Público. Para dar claridad a este último punto, la autora recuerda los fuertes procesos de fragmentación experimentados en las ciudades latinoamericanas a raíz de dificultades relacionadas con la inequidad en la distribución del ingreso, problemas ambientales, de inseguridad, de desempleo, y la tendencia a la privatización de los espacios públicos. Desde este punto de vista, la reflexión propuesta es la de redimensionar la participación ciudadana y los espacios locales como opción de sostenibilidad para las ciudades, en donde se manifieste una ética de mínimos que se integre con el quehacer político, lo que en palabras de la autora constituye el reto de lograr que los atributos y condiciones del Espacio Público local se transformen en relaciones democráticas.

La segunda parte de los documentos que componen esta publicación responde a la lógica de brindar elementos para el análisis del Espacio Público, e integrarlos a experiencias concretas en Colombia, sobre la evolución de las políticas y desarrollos urbanos recientes. Cada uno de los ponentes expone, desde la particularidad de su ciudad, las principales transformaciones y respuestas de los gobiernos municipales a los retos que impone el Espacio Público, resaltando los distintos proyectos de intervención urbana en los cuales tienen lugar importante las consideraciones acerca del *elemento intangible* del Espacio Público, como escenario de la acción pública.

Así, el arquitecto Alejandro Echeverri, Gerente de la Empresa de Desarrollo Urbano de Medellín, EDU, hace una actualización descriptiva y analítica de los proyectos urbanos de la alcaldía de Medellín y señala, entre otras cosas, cómo la concreción de estos proyectos está guiada por la definición del Espacio Público como lugar de encuentro ciudadano. De ese modo y reconociendo el impacto que para la gestión pública pueden tener estas categorías, se detallan las distintas iniciativas que están siendo implementadas en Medellín, así como su fuerte énfasis en la necesidad de transformar los patrones culturales de agresión y conflicto, en los cuales *la calle* ha venido asumiendo un papel protagónico. Igualmente, las características geográficas de la ciudad y los distintos problemas sociales se incluyen como factores que definen la gestión urbana. Esta presentación se complementó con una síntesis de las políticas de transporte público que se adelantan en Medellín, lideradas por el Secretario de Transporte de la ciudad, José Fernando Ángel, quien también participó en el taller.

Por su parte, el sociólogo y catedrático de la Universidad del Valle, Fabio Velásquez, hace una presentación analítico-crítica del amplio proceso de transformación urbana de la ciudad de Cali, desde los años 60 hasta la actualidad; es decir, comienza cuando ésta era una ciudad símbolo de civismo en Colombia, y llega hasta cuando, por influencia de fenómenos como el narcotráfico y la pérdida de la capacidad de liderazgo de la clase política y empresarial vallecaucana, se produjo un fuerte deterioro de la calidad de vida y de los indicadores socioeconómicos de la ciudad. Lo más importante de esta exposición es la rigurosa utilización de las categorías del análisis sociológico en el problema de la ciudad, que permiten leer toda una trama de relaciones de poder, cimentadas en el éxito artificial de un mito urbano: *la Cali cívica.* Éste fue sostenido por la élite empresarial y política de la ciudad, y encubría los severos problemas socioeconómicos de la población, que vendrían a hacerse explícitos una vez estallara el *boom* del narcotráfico en la región del Valle del Cauca. Así, acudiendo a elementos teóricos y al estudio reciente de la evolución de Cali, Velásquez hace un trabajo minucioso sobre el impacto de las percepciones sobre lo público y los proyectos colectivos (o su ausencia) en la redefinición del Espacio Público, y concluye con una formulación de tipo propositivo en la cual la recuperación de ese espacio y su fortalecimiento van de la mano con la existencia de un proyecto colectivo y una política fundamentada en los valores democráticos.

Por último, el arquitecto Hermann Alfonzo, Director Ejecutivo de la Corporación del Espacio Público de Bucaramanga, elabora una exposición descriptiva sobre la experiencia de trabajo en la promoción de proyectos urbanos en la ciudad, y sobre cómo una parte importante de lo que podría llamarse "modernización urbana" responde al trabajo coordinado entre los sectores público y privado. Así, partiendo de la revisión de los principales proyectos de inversión en obras públicas, Alfonzo muestra cómo en Bucaramanga se ha pasado de un manejo del Espacio Público guiado por los intereses políticos de los alcaldes, generalmente, distante de un proceso continuo de planificación, hacia un importante esfuerzo por integrar el concepto de ciudad humanizada en el paisaje urbano. Sin embargo, apunta el autor, los problemas del Espacio Público en Bucaramanga siguen siendo abundantes y guardan relación, de acuerdo con lo que se ha comprendido como elementos tangibles e intangibles del Espacio Público, con fallas en la gestión urbana, la desigualdad en el área metropolitana, el modelo de ordenamiento territorial del país y, relacionado con esto último, la complejidad de los problemas socioeconómicos que desbordan el desarrollo urbano previsto para la ciudad. Finalmente, la exposición concluye señalando la urgencia de reflexionar acerca de las circunstancias que hacen difícil el manejo integrado del desarrollo urbano, para lo cual, a manera de propuesta, sugiere promover una estructura política y administrativa con mejores instrumentos para la planeación social y económica pues, en gran parte, la transformación de la ciudad de Bucaramanga depende de la capacidad de gestión pública.

Antes de terminar esta breve introducción, no sobra anotar que el carácter de *taller de trabajo* dado al evento suscitó la participación activa y constante de los demás asistentes invitados. De esta forma, se logró una dinámica que enriqueció las presentaciones y permitió que, en el cierre de la jornada, pudiera resaltarse la importancia de complementar el reconocimiento de los elementos tangibles (infraestructura física y amoblamiento urbano) e intangibles (valores y cultura ciudadana), para el fortalecimiento de las políticas de Espacio Público, como elemento determinante de la progresión democrática de las ciudades latinoamericanas.

Los aportes resultantes de las ponencias elaboradas para este ejercicio académico, así como los provenientes de las intervenciones de los invitados, han sido de gran utilidad para la formulación de las propuestas de mejoramiento de las políticas de Espacio Público y, también, para la identificación de nuevas líneas de investigación en mejora de la comprensión de esta fenomenología.

Capítulo I

La redefinición del espacio público en Bogotá:
Eslabonamiento conceptual y seguimiento
de las políticas públicas en la última década

*Gabriel Murillo**
*Tatiana Márquez***

Este documento sobre redefinición del espacio público en la ciudad de Bogotá está disgregado en dos componentes principales. El primero de ellos es una revisión y un eslabonamiento conceptual de la noción de espacio público, según los planteamientos formulados por filósofos políticos estudiosos del tema. El segundo aborda un seguimiento analítico y comparado intra-urbano de las políticas de manejo del espacio público en Bogotá, a partir de 1992.

Con esta estructura dual y complementaria, se busca subrayar la importancia de abordar esta fenomenología, aludiendo a la necesidad de que sus dos componentes principales, el tangible y el intangible, interdependan recíprocamente. El primero abarca todos los elementos de la llamada infraestructura física de la ciudad, y el segundo reúne los aspectos subjetivos determinantes de las conductas y los comportamientos que, a su vez, representan la cultura ciudadana.

Lo anterior en el entendido de que una verdadera política de espacio público urbano debe impulsar el desarrollo armónico de estos dos componentes, para lograr coherencia con el significado de la justicia social y con el reto de la progresión democrática.

* Politólogo, profesor Titular del Departamento de Ciencia Política, Universidad de los Andes. Bogotá, Colombia.
** Politóloga, Universidad de los Andes. Bogotá, Colombia.

I. REVISIÓN CONCEPTUAL

Una revisión comprensiva del alcance y contenido del concepto de Espacio
Público implica un examen cuidadoso de algunos de los elementos más
representativos de su expresión fáctica, y de las abstracciones elaboradas por
distintos estudiosos de la materia, a lo largo del tiempo.

En un compendio del pensamiento que varios autores ampliamente
conocidos han desarrollado sobre el espacio público, elaborado recientemente
por el profesor y filósofo Alejandro Sahuí, se recogen algunos de los elementos
filosóficos de importancia para la comprensión de esta compleja noción[1] . Según
Sahuí, Hannah Arendt aborda el espacio público como un "espacio de relaciones"
en donde, por medio de las acciones y de los discursos de los ciudadanos, se
crea un espacio de entendimiento común entre las personas[2] . Además, relaciona
esta noción con el concepto de "pluralidad". Para esta autora, la política como
espacio en donde los individuos son libres mediante su *acción* y la elaboración
de discursos, sólo puede darse en un ámbito público de encuentro ciudadano.
Para ella, gracias a la existencia de estos espacios, el individuo puede mostrarse
verdaderamente como *es*, teniendo en cuenta la posibilidad de manifestar sus
diferencias.

En este punto, es interesante ver cómo el manejo del concepto de espacio
público toma ciertos principios de filósofos posmodernos, como Martin
Heidegger. Éste, en su obra *El ser y tiempo*[3] se refiere a lo público como aquel
espacio en donde todos los seres humanos, como *seres-ahí* que viven en
constante apertura hacia el mundo, tienen un acceso cotidiano a lo de todos
("término medio"). Según esto, todos los hombres son *seres-ahí* gracias a la
existencia de ese espacio público accesible a todos, pero que a la vez no es de
nadie. Entre Arendt y Heidegger, puede verse una estrecha relación respecto a
este punto; ambos autores conciben dicho espacio como un lugar de encuentro
de los individuos. Lo "común", como característica principal, está presente en
los análisis del concepto del espacio público, al igual que en el énfasis de que lo
público no puede ser privado, dado que su principal propósito es ser de "todos".

---

1   Ver: Sahuí, Alejandro. *Razón y espacio público. Arendt, Habermas y Rawls*. En Filosofía y cultura
    contemporánea. México: Ediciones Coyoacán, 2002.
2   *Ibíd.*, página 65.
3   Heidegger, Martin, *El ser y el tiempo*. México: Fondo de Cultura Económica, 2002. Parágrafo 27.

Jürgen Habermas, por su parte, siguiendo de alguna manera con la lógica de Arendt, continúa con los planteamientos sobre el espacio público como aquel lugar en donde los individuos utilizan su "razón" discursiva y propone, entonces, su "teoría de la acción comunicativa". Ésta se enfoca en un análisis de discurso en donde la expresión y la reproducción social se dan mediante la divulgación discursiva de ideologías, pensamientos transmitidos culturalmente, y discursos hablados o escritos, entre otros.

Habermas enfatiza en que la ciudad es el espacio público donde lo "común" se vuelve material[4], pero dejando claro que la "cosa pública" no sólo se materializa de manera tangible (ya sea en bibliotecas, parques, calles, andenes, etc.), sino que también se hace visible mediante el poder colectivo. Cabe resaltar que el poder que enfatiza Habermas no sólo refleja la dimensión jurídica y legal, sino también (como se verá más adelante, con la tesis de otros autores más recientes, como Herzog) el poder de la masa social que se expresa en el espacio público. Este poder implica, necesariamente, una convergencia de los actores sociales y políticos en una esfera que se ve representada por la sociedad civil y que, como ha quedado claro, se da en el espacio público. Son los ciudadanos, entonces, quienes poseen este espacio. Lo colectivo se materializa en ese ámbito de todos que, como bien lo han señalado Arendt y Heidegger, es público y no privado, es decir, que le pertenece a la sociedad y no es de nadie. Por esta razón, Habermas propone que la comunicación entre los ciudadanos debe darse bajo un marco legal legítimo, en donde exista una "racionalidad pública" encaminada a buscar el bien común y resulte de la fusión de lo normativo con el poder de la masa social.

La tesis de la razón pública presente en la obra de Habermas, y que trata también John Rawls, tiene como uno de sus precursores a Kant. Este filósofo, en el reconocido artículo *¿Qué es la Ilustración?*, señala que el cambio social iniciado en Europa, en el siglo XVIII, permitió que el individuo lograra usar "públicamente" su razón. Esto significa darle a la razón individual un carácter político que tiene como fin la libertad, tanto a nivel personal como en el ámbito colectivo. Así, en dicho texto, propone el lema: "Atrévete a hacer uso de tu propia razón".

---

4 Habermas, Jürgen, *The structural transformation of the Public Sphere. An Inquiry into Category of a Bourgeois Society*, Cambridge: MIT Press, MASS, 1993.

Siguiendo con esta línea de trabajo, en donde el espacio público se comprende como el espacio común en donde los individuos hacen uso de su razón (que implica discurso y comunicación) para marcar sus diferencias y encontrar así sus libertades políticas, es pertinente señalar, ahora, las ideas principales de John Rawls al respecto. Este autor utiliza el concepto de "razón pública" para hacer referencia a aquella razón de los ciudadanos que busca, ante todo, el *bien público*[5]. La razón pública es el producto de la convergencia de las racionalidades individuales, dadas mediante la deliberación en una esfera compartida. Para que ésta exista y sea realmente pública, deben preexistir ciertas garantías mínimas que hagan viable una razón general. En primer lugar, dice Rawls, todos los ciudadanos deben encontrarse en condiciones iguales de libertad. En segundo lugar, el fin siempre debe ser el bien común y, por esta razón, al igual que como se vio anteriormente con Habermas, debe existir un marco legal/normativo que permita garantizar unos mínimos de justicia básica. Y por último, la naturaleza de esta razón debe ser siempre el espacio público, entendido no sólo como un ámbito abierto, sino como un contorno para la reciprocidad.

Hasta el momento, se ha visto cómo el espacio público articula elementos que lo caracterizan. Dentro de estos, se encuentra, en primera instancia, el de "relación". El espacio público siempre es un lugar de relaciones y de encuentro ciudadano. Por ende, si es un espacio relacional, será siempre una esfera para el "bien público". Este segundo concepto implica que el objetivo del espacio público estará en función de la expresión colectiva, aunque claramente ella sea una mezcla de intereses individuales, lo cual no excluye la diversidad. Cada ciudadano, mediante el uso de su propia razón discursiva, se presenta en este espacio para intercambiar ideas, marcando diferencias y logrando que sus propias intenciones sean entendidas y llevadas a la práctica, de manera deliberativa y consensuada en un marco democrático. La integración de los elementos arriba sintetizados implica que, en la actualidad, el espacio público deja de ser entendido como una mera área "geométrica" física y medible, para convertirse en un ámbito de reencuentro y de resocialización ciudadana, en donde se fomentan los valores y se potencia una cultura ciudadana.

---

5   Ver: Sahuí, Alejandro. Op. cit., página 133.

Para Jordi Borja, comprender el espacio público actual es captarlo a través de tres aspectos: *dominio público* (qué tan accesible es éste a los ciudadanos), *uso social colectivo* (cómo es su calidad y la de las relaciones que éste forja) y, por último, *su multifuncionalidad* (cuál es su capacidad para crear unión entre los diversos grupos sociales y la integración cultural). Entonces, este primer aspecto de *dominio público* está sujeto a lo que ya se enunció como el objetivo de lo público. Así, puede establecerse la influencia de otros teóricos como Arendt y Heidegger sobre Borja, en la medida en que estos ya habían dejado claro que lo esencial del espacio público era su tenue carácter privativo y la primacía de su sentido colectivo. El aspecto de *multifuncionalidad* tampoco es exclusivo de Borja. Éste se refleja en planteamientos anteriores, donde ya se clarificó el carácter "diferenciador" del espacio público, dando cabida plena a la diversidad y la pluralidad. Así, el uso de la *razón comunicativa* para llegar a una *razón pública* tiene como principio lograr una diferencia ciudadana. En lo múltiple, como característica natural de los grupos sociales, debe encontrarse una unidad proveniente de la deliberación de las partes. Es sólo en el espacio público donde se logra la convergencia de lo diferente; por esa razón, estos lugares colectivos dejan de verse, únicamente, como áreas físicas y geométricas. No sólo el uso de los inmobiliarios públicos es importante; también, son relevantes los sentimientos, las diferencias, los discursos y, en general, todos aquellos procesos de socialización convergentes, creando así una cultura ciudadana común que le dé cabida a las diferencias.

Además, existen varios estudiosos del tema del espacio público quienes, reunidos en la Universidad de Texas en Austin[6], ampliaron el alcance del concepto, buscando mejorar la compresión de su propia complejidad. Este evento, que tuvo como objetivo central proponer nuevas líneas de trabajo sobre el manejo actual de dicho concepto, estuvo centrado en la pregunta de si el espacio público en las ciudades de América Latina está desapareciendo o si, por el contrario, se está redefiniendo. Al respecto, es posible diferenciar tres perspectivas analíticas sobre lo que está sucediendo actualmente. En primer lugar, se encuentra Francisco Sabatini (de la Universidad Católica de Chile), quien enfatiza en la idea de que el espacio público en América Latina se está transformando, en vez de estar desapareciendo. Puede decirse que la definición del espacio público debe extenderse y relacionarse con aquellos conceptos que

---

6   En la conferencia *The End of Public Space in Latin American City?*, marzo 4 y 5 de 2004.

se han ido trabajando a lo largo de este texto. Al fin y al cabo, Sabatini define el espacio público en tres dimensiones: *otredad* (encuentro con el "otro"), *pertenencia* (ser parte integrante de una comunidad donde se presentan disputas y negociaciones por medio de participación política), y *libertad* (donde existe simetría entre libertad política y física). Todas estas características señaladas por el autor, influenciado por los pensadores arriba mencionados, permiten un estudio abarcante del concepto de espacio público. La *otredad* implica la característica "pública" de este espacio: un espacio de relaciones, de encuentro de los *seres-ahí* heideggerianos; la *pertenencia* no es sólo cuestión de sentirse parte de la ciudad, sino de hacer uso de ésta para apropiarse positiva y colectivamente de los espacios culturales, políticos y sociales que ésta otorga; y la *libertad*, como bien lo señaló Rawls, como la condición *a priori* para que todos los ciudadanos estén en igualdad de condiciones y oportunidades en el espacio público.

En segundo lugar, se encuentran las tesis expuestas por Lawrence A. Herzog (de San Diego State University) quien, al estudiar el caso mexicano, proporciona otros elementos útiles para la comprensión de las implicaciones de la redefinición del espacio público. Hace referencia a este espacio como el lugar y ámbito contestatario de las protestas, de la manipulación de ciertos partidos e instituciones políticas a sus seguidores, de la expresión del arte y la cultura por medio de los graffitis y los murales y, por último, como punto de encuentro y reunión de varios subgrupos y fenómenos sociales que actualmente se han insertado en la vida urbana, adquiriendo un carácter transformador de las relaciones interpersonales y de expresión misma de la vida urbana. Por ejemplo, es bien sabido que en las ciudades de las Américas el aumento y la complejización de las pandillas es geométrico. Asimismo, la multiplicación continua de puntos de referencia, intercomunicación y reunión (la "tienda de la esquina", los bares, los cafés y los centros comerciales) de donde emanan las habladurías y los "chismes", que de una u otra manera se ligan con estos contextos, crean proclividad al conflicto y tensiones que obstaculizan y fragmentan el acceso al espacio público, minando la tranquilidad y la seguridad urbanas. Este señalamiento de Herzog está relacionado con los planteamientos habermasianos sobre la visibilidad del poder de la sociedad, en el espacio público. Así, éste es visto como el ámbito de las protestas, las luchas partidistas y las huelgas, entre otros fenómenos que hacen visible tanto el poder de la sociedad, como su propio empoderamiento frente a los problemas políticos, sociales y económicos circundantes.

En tercer lugar, Gareth A. Jones (del London School of Economics and Political Science) resalta la importancia de entender este espacio como un ámbito "fluido", que va cambiando a través del tiempo. Para ello, se vale de la noción de *open minded public space*", haciendo referencia a aquellos componentes de este contorno que se proliferan en la actualidad (entre ellos, cafés, galerías, centros comerciales, clubes privados, gimnasios, etc.) y que, además, pueden llevar a los ciudadanos a una *agorafobia*, es decir, a expresar una antipatía frente a los espacios abiertos. Este planteamiento es novedoso e interesante en la medida en que puede entenderse como un factor de alerta sobre la urgencia de la redefinición del espacio público, amenazado por la proliferación de los espacios cerrados y, más grave aún, por el aislamiento consciente de las personas que insisten en rechazar la apertura inherente al espacio público, según se viene definiendo en este trabajo. Si los espacios públicos tienen este carácter al actuar como lugares en donde se exponen, comunican, concilian y reconocen las identidades, una cultura de agorafobia en los ciudadanos sólo llevaría a una degradación del espacio público como el espacio de "todos", e iría en contravía de los planteamientos compartidos en las visiones de los teóricos y los expertos tratados.

Adicionalmente a las tesis expuestas por estos autores, hay otras que, aunque pueden no ser tan específicas ni novedosas, de igual manera, presentan otra forma de abordar analíticamente el espacio público. Entre ellas están la presentada por Matthew Gutmann (Brown University), quien vuelve a relacionar el espacio público con el bien común, pero específicamente con el derecho fundamental a la salud y su relación con el hospital como un componente importante de dicho espacio. También, está Jaime Joseph (del Centro de Investigación Social y Educación Popular de Perú), quien lo fundamenta con relación a los lugares en donde se dan las experiencias participativas y se concentran los ciudadanos, muy en la línea de Herzog. Por otro lado, existen varios proyectos que se han encaminado a motivar un análisis sobre el tema del espacio público. Un ejemplo es el caso de la Fundación Interamericana, IAF, que viene impulsando el reconocimiento de los Espacios Públicos de Concertación Local, EPCL, en un trabajo liderado por Gonzalo de la Maza, de Chile, y Rodrigo Villar, de Colombia. Si bien ese trabajo no alude exclusivamente a los espacios urbanos, porque incluye contextos rurales, resulta muy pertinente registrarlo en este eslabonamiento conceptual, debido a la esperanza que conlleva su desarrollo operacional y a las posibilidades cognitivas que ofrece para la mejor comprensión del espacio público.

En esta misma dirección, se encuentra el libro *Deliberación pública y desarrollo económico*[7], promovido por la Universidad de los Andes, la Fundación Interamericana, IAF, y la Fundación Kettering, KF, el cual hace un estudio comparativo de diez casos de países latinoamericanos en los cuales la deliberación es un factor esencial en la capacidad que tienen los ciudanos de realizar acciones colectivas. Se pone énfasis en que una ciudadanía empoderada tiende a afectar en algún grado el desarrollo económico, en la medida en que al forjarse una cultura ciudadana se van expresando vínculos de confianza que tendrán como fin último desarrollar un buen manejo de los bienes públicos. También, es importante resaltar que existe una relación proporcional entre la creación de acciones colectivas ciudadanas y el buen manejo y apropiación de los bienes públicos. Siempre y cuando existan ciudadanos activos políticamente que se apropien de su ciudad, el uso que ellos le darán a todos los bienes públicos (no sólo a la infraestructura física, sino al dinero colectivo) estará basado en la noción del bien común, y se tenderá a influenciar positivamente tanto la materia política como la económica; es decir, se potenciará lo que se conoce como la civilidad económica (civil economics).

En resumidas cuentas y tomando los conceptos convergentes en las reflexiones de todos los autores estudiados, puede llegarse a la conclusión de que el espacio público contemporáneo tiene una característica principal, enmarcada en varios aspectos que lo materializan. Se hace evidente que este espacio es sistémico e interdependiente, y que engloba un conjunto ordenado de diversas normas y acciones sociales cambiantes. Esta convergencia dinámica de elementos tangibles e intangibles deja claro que el espacio público no sólo es un área física, sino que también es un área donde confluyen diversos actores y situaciones que, bajo una lógica relacional, hacen parte de la vida colectiva y pública que se va tornando en una expresión de cultura ciudadana. Ésta se da por medio de ese ámbito *relacional* y de *otredad* que viabiliza el espacio público. Se integra, así, el encuentro de todas las singularidades y racionalidades individuales en este ámbito, lo que posibilita que las personas, consciente o inconscientemente, interdependan entre sí. En suma, el espacio público es el lugar de encuentro ciudadano necesario para que cada sujeto, como ser político,

---

7   Murillo, Gabriel; Pizano, Lariza; Casas, Carolina, Compiladores. *Deliberación pública y desarrollo económico. Diez experiencias de toma de decisión comunitaria en América Latina*. Colombia: Fundación Interamericana, IAF, Council on Public Policy Education, CPPE, Universidad de los Andes, 2003.

se exprese y vaya construyendo su propia identidad a partir del otro. Como bien lo supo decir el escritor checo Milan Kundera: *"el hombre no es más que su imagen... en la medida en que vivimos con la gente, no somos más que lo que la gente piensa que somos... nuestro yo es una mera apariencia, inaprensible, indescriptible, nebulosa, mientras que la única realidad, demasiado aprehensible y descriptible, es nuestra imagen a los ojos de los demás..."*[8].

Es claro, entonces, que el ciudadano no es una entidad aparte y aislada. Éste *es* gracias a que existe el *otro* y a que tiene la capacidad de relacionarse. Todo esto sólo se da en el espacio público, donde se forja la cultura ciudadana, y gracias a la razón comunicativa que lleva a una *razón pública*, mediante la cual el ser humano es capaz de crear con sus iguales y encontrar un bien común. Este *dominio público* es de todos y no es de nadie, no es privativo porque, como se dijo, su fin es colectivo. Es el lugar de la *multifuncionalidad* y de la diferencia, y sólo mediante el logro de un espacio público cabal podrán lograrse ciudadanos satisfechos y activos, asentados en ciudades permeadas por el espíritu ético del progreso. Y es con esta alusión al espíritu ético deseable en el espacio público que resulta indispensable aludir, analíticamente, a su ingerencia en este espacio. Hacer referencia a un término tan complejo, como lo es la ética, implica necesariamente retomar aquellas acciones humanas que son juzgadas valorativamente. La ética, entonces, involucra moralmente los actos que los hombres realizan consigo mismos y entre sí. Estos actos, a su vez, deben estar enmarcados en principios y normas que rigen la vida en sociedad y que, por ende, regulan todas las actividades humanas.

El espacio público como ámbito donde se encuentran y socializan las personas, expresando sus diferencias e igualdades, debe estar definido por principios éticos que delimiten el comportamiento individual y determinen la primacía de lo público sobre lo privado. De esta manera, se establece una constante correlación entre los conceptos de espacio público y ética. Un comportamiento ético dentro del ámbito comunitario es un elemento preponderante y esencial a la hora de buscar el progreso colectivo, así como un discurso ético-moral es el fin último de la política y del derecho[9]. Por ello, se

---

8   Kundera, Milán. *La Inmortalidad*. Barcelona: Fábula Tusquetes Editores, 2001. Página 156.
9   Padilla, Leonel Eduardo. *Ética y democracia*. En Ensayos de, filosofía política. Guatemala: OEA, IRIPAZ Publicaciones, 1996, página 52.

reitera que sólo fortaleciendo la ética ciudadana es posible lograr y garantizar el bien común. La ética, como fundamento de la democracia, permite la prevalencia del consenso logrado bajo la argumentación racional y la deliberación, por encima de las circunstancias basadas en el uso de la fuerza.

Dentro de la lógica que supone al espacio público como unión de dos elementos (lo tangible y lo intangible), las acciones y las conductas éticas de los gobernados y de los gobernantes resultan centrales a la hora de lograr una redefinición de éste. Ambos actores tienen obligaciones y responsabilidades frente al logro de la optimización del equilibrio deseable entre lo tangible y lo intangible. Así, en el caso de los gobernantes, debe procurarse un mantenimiento satisfactorio de los elementos que conforman la infraestructura física del espacio público y, a la vez, encaminar las políticas públicas hacia el logro de la construcción de una ciudadanía educada en valores cívicos y consciente de su propio potencial de empoderamiento. Esto gracias a un manejo claro, honesto, eficiente y transparente de los medios y de los bienes colectivos y públicos, los cuales, a su vez, deben estar mediados no exclusivamente por su fiabilidad y la capacidad de rendición de cuentas, sino también por lograr incorporar y consultar las opiniones de los otros (no sólo de los subalternos, sino también de los contrincantes políticos), logrando así un manejo democrático de los recursos públicos.

En el caso de los gobernados, resulta indispensable un compromiso con la ciudad, de manera individual y colectiva, mediante la participación activa en auditorías, veedurías ciudadanas, monitoreos y control público, en general, para de esa manera proteger y evitar el deterioro del inmobiliario y la dotación física de la ciudad. Asimismo, y retomando el elemento intangible del espacio público, los ciudadanos deben encaminar su acción hacia el logro de una convivencia que se fundamente en valores éticos colectivos de alteridad y respeto por el otro. Lo que todo esto implica es que las acciones políticas de los gobernados y los gobernantes, en el ámbito público, se mueven según la lógica sistémica ya señalada. Solamente la convergencia de las acciones individuales y colectivas, tanto de los gobernantes como de los gobernados, enmarcadas en un comportamiento ético basado en principios morales, pueden llevar a una óptima redefinición del espacio público, donde sus dos elementos estén en constante mejoría. La corresponsabilidad que tienen los individuos en un contorno común no sólo está delimitada por aquellas normas sociales que deben regir su accionar cotidiano, sino también por la manera como todos los ciudadanos hacen parte del poder político, para sacar adelante programas de gobierno compartido en beneficio público.

De esta manera, una redefinición satisfactoria del espacio público no debe prescindir de la presencia de la ética. Ésta no sólo es el fundamento de la democracia sino que, a su vez, establece los criterios según los cuales todos los actores deben regir sus conductas y comportamientos. La mejor forma de lograr un ámbito público capaz de responder a las necesidades de una ciudadanía *multifuncional*, es enmarcar el accionar humano en los principios éticos y morales que responden a una lógica de la corresponsabilidad y el cogobierno. ¡Solamente la unión de gobernados y gobernantes, en un espacio enmarcado por el comportamiento ético, puede llevar a una vida placentera en la ciudad!

II. HACIA UNA DEFINICIÓN OPERACIONAL DEL ESPACIO PÚBLICO

Definir operacionalmente el concepto de espacio público permite integrar el análisis de dos elementos imprescindibles y complementarios, que caracterizan y hacen posible el manejo que las administraciones públicas urbanas, en cualquier ciudad, pueden darle a este asunto en la actualidad.

Por un lado, se encuentra un elemento tangible que, al representar una estructura concreta (la infraestructura), puede identificarse con la gama de los elementos que conforman el componente físico de la ciudad (entre otros, andenes, vías, parques, plazas, ciclorrutas, alamedas, parqueaderos, bibliotecas públicas, mercados, etc.). Por otro lado, está el elemento intangible que se refleja subjetivamente en el modo como cada individuo expresa sus valores, creencias, niveles de educación cívica y cultura ciudadana, al relacionarse con el otro en estos espacios. Estos dos elementos convergen, como lo plantea Jordi Borja, en el espacio público, entendido como el escenario de la representación en donde la expresión de la sociedad adquiere visibilidad[10]. Sin embargo, en muchos de los centros urbanos de América Latina, en general, y de Colombia, en particular, de donde provendrán los ejemplos señalados a continuación, no se refleja la convergencia equilibrada de los dos elementos complementarios. Más bien, se presenta una "volatilidad" de circunstancias y casos en los que existen todas las posibles combinaciones entre lo tangible y lo intangible del espacio público.

En primer lugar, hay casos en los que la existencia de la infraestructura física aceptable (sin importar si su estado es satisfactorio, está estancado o en

---

10 Borja, Jordi, *La ciudad conquistada*. Madrid: Alianza Editorial, 2003, página 121.

franco deterioro) es evidente, pero con una carencia significativa de la dimensión intangible, que se extiende a todo el casco urbano. El caso de Cali, según María Teresa Muñoz, podría ejemplificar esta situación al reflejar la carencia de unión y solidaridad entre los diversos grupos sociales de la comunidad caleña. *"(...) este mismo proceso de exclusión – inclusión socio-espacial es el que ha dado lugar a lo que se ha llamado "las dos ciudades", con fuertes desigualdades. Entre las dos ciudades no ha habido comunicación, ni conocimiento, ni reconocimiento mutuo. Están juntas pero no unidas"*[11]. Esta situación contrasta bruscamente con un pasado no muy lejano que la había ubicado como la ciudad más cívica de Colombia.

En segundo lugar, existen casos en los que ocurre lo contrario; es decir, el estado -bueno o aceptable- de la infraestructura física no se compadece con una expresión de la cultura ciudadana que refleja más espíritu cívico de la ciudadanía, aunque ésta no sea del todo satisfactoria. El caso de la ciudad de Bucaramanga podría ilustrar este segundo tipo de combinación de lo tangible y lo intangible. Se trata de una ciudad en donde los espacios físicos, que hasta hace poco la distinguieron como la "ciudad bonita" o "la ciudad de los parques", han venido mejorándose cualitativamente con obras públicas que, al vaticinar la conurbación entre la propia Bucaramanga y los municipios satélites de Girón, Floridablanca y Piedecuesta, han influido en una mejora que no corresponde a las conductas de sus habitantes, quienes reflejan comportamientos que no están a la par con los aspectos físicos, aún susceptibles de una mejoría importante.

En tercer lugar, también existen casos críticos en donde ninguno de los dos elementos complementarios, determinantes de un espacio público cabal, está presente. En ellos la precariedad de la infraestructura física es compatible con la ausencia de una cultura ciudadana. La ciudad de Buenaventura podría ser un ejemplo de esta situación. Allí, a pesar de la importancia de su localización estratégica como puerta marítima primordial del comercio internacional de Colombia, la indiferencia y la desatención permanente hacia el casco urbano coexiste con la inseguridad, el desarraigo y la pobreza de sus habitantes. Finalmente, en cuarto lugar estaría el caso de una presencia significativa y equilibrada de los dos elementos. La ciudad de Bogotá, por ahora, sería un caso representativo de esta circunstancia. En lo tangible, con el desarrollo de la

---

11 Muñoz, María Teresa. *CALI: Convivencia y ciudad*. En Ciudad e inclusión: Por el derecho a la ciudad. Fabio Velásquez, Compilador. Bogotá: FEDEVIVIENDA, Foro Nacional por Colombia, Corporación Región, Asociación de Trabajo Interdisciplinario, ATI, 2004, página 42.

infraestructura física evidente y perceptible en los andenes, ciclorrutas, bibliotecas, alamedas, entre otros, y en lo intangible, con el agregado de los elementos propios de una ciudadanía en proceso de crecimiento significativo.

Aparte de estas cuatro combinaciones obvias, es preciso anotar la posibilidad de registrar una gama incontable de casos en donde estos dos componentes del espacio público se complementan relativamente. Por esto, resulta pertinente reconocer la complejidad derivada de las múltiples formas de combinación de factores determinantes del espacio público urbano. Se trata, en pocas palabras, de un fenómeno consecuente con la lógica heraclitiana. Así como no es posible "bañarse dos veces en el mismo río", tampoco es posible encontrar formas iguales de combinación entre lo tangible y lo intangible de un espacio público urbano. De esta manera, al no haber una ciudad cuyo espacio público sea comparable al de otra, cuando se desee mejorar su expresión, es necesario entrar en el conocimiento objetivo de las particularidades idiosincráticas de cada caso. Toda la complejidad resultante de estas combinaciones incontables permite tomar prestada una noción que los economistas practicantes de la corriente neoinstitucional (es decir, aquellos que consideran que el desarrollo económico, en buena medida, está determinado por los niveles existentes de arraigo institucional) utilizan al hablar de la diversidad de circunstancias macroeconómicas.

Se trata de la noción de "volatilidad", que si bien alude a una significativa diversidad de casos no descarta la posibilidad de aplicar conceptos y categorías básicas al tratamiento de "una diversidad dentro de una relativa estabilidad". Este término, que ha sido entendido por los economistas como la variación e inestabilidad de variables como el ingreso, el gasto, el consumo, los precios y algunas tasas, resulta bastante útil para extenderlo analógicamente al concepto de espacio público. Esta volatilidad puede relacionarse con la generación de incertidumbre, en la medida en que la primera mide la movilidad de la variable que se pretende analizar, y la segunda calcula la impredecibilidad de la primera[12]. Si se tiene en cuenta que la mayoría de la población latinoamericana está asentada en los centros urbanos[13], queda claro que la movilidad de las variables estructurales propias de estos ámbitos impone la lógica impredecible de la

---

12 Ver: *Hacia la seguridad económica en la era de la globalización*. En La inseguridad económica en América Latina y el Caribe: Hechos estilizados.
http://www.google.com.co /search?hl=es&lr=&oi=defmore&q=define: Volatilidad.
Consultado el 24 de mayo de 2005.
13 En Colombia, el 70% de la población está asentada en los contextos urbanos.

volatilidad. En efecto, esto lo hacen los economistas cuando relacionan la crisis existente en las democracias del continente latinoamericano con el mal desempeño de las variables macroeconómicas. Los factores que reflejan la inestabilidad de las variables que soportan esta difícil situación, no obstante, permiten aludir a la existencia de una crisis generalizada en la región, así no haya un caso igual a otro. Pero a pesar de tanta volatilidad, resulta inevitable registrar la generalización de la pobreza en toda la región, así como su mayor expresión en las ciudades. A manera de paréntesis, no sobra anotar aquí que sin importar si se trata de informes económicos y sociodemográficos especializados, como el de la CEPAL, de los años 2002 a 2004, de otros más centrados en el comportamiento de los actores y las instituciones políticas, como el del Programa de las Naciones Unidas para el Desarrollo, PNUD, o el del Índice anual de Desarrollo Democrático de América Latina, IDD-Lat, promovido por la Fundación Konrad Adenauer en la Región, es clara la coincidencia en el registro de los graves problemas que reflejan cómo la pobreza sigue aumentando al igual que la indigencia, mientras que se fortalecen la concentración de la riqueza y la mala distribución del ingreso. Entre los años 2001 y 2002, el porcentaje de personas con ingresos inferiores a la línea de pobreza en América Latina aumentó de 43.2% a 44.0%, respectivamente; al igual que la indigencia aumentó de un 18.5% a un 19.4%[14]. Esto equivale a ciento noventa y seis millones de personas viviendo en condiciones de pobreza, de las cuales noventa y cuatro millones se encuentran en pobreza extrema. El desempleo abierto, sumado al empleo informal, refleja un desolador panorama en los ingresos familiares y en la precariedad de las políticas de seguridad social[15]. Toda esta realidad se hace aún más preocupante al tener en cuenta que el 75% de la población latinoamericana es urbana[16].

Terminando el paréntesis y regresando al uso analógico de la volatilidad aplicada al espacio público, puede afirmarse que en lo tangible ella está relacionada con la manera en que la ciudad configura y manifiesta su infraestructura física, a medida que transcurren las distintas administraciones públicas. En la misma línea, en segundo lugar, el elemento intangible se refleja

---

14 Datos obtenidos de la páginas de la CEPAL, Op.cit www.eclac.cl. Consultada el 2 de febrero de 2005.
15 La página de la CEPAL, citada anteriormente, señala que el desempleo en América Latina entre los años 1990 y 2000 aumentó en un 2.3%; pasó de 8.1% a 10.4%. De igual forma, la informalidad del empleo para esos mismos años fue de 47.4% y 50.3%, respectivamente.
16 http://www.monografias.com/trabajos7/amla/amla.shtml. Consultada el 10 de junio de 2005.

en el desarrollo y en la priorización que cada gobierno les da a los planes de fortalecimiento de la cultura ciudadana y la educación cívica, así como a la complementariedad de estos últimos con el elemento tangible. Esto puede comprenderse mejor al tener en cuenta otra expresión de la volatilidad que reúne los dos elementos arriba mencionados. Tiene que ver con con el fenómeno señalado por John Sudarsky como la lógica del "síndrome de la fracasomanía". Sudarsky hace alusión a los planteamientos de Albert Hirschmann en su célebre ensayo *Essays in Trespassing Economics to Politics and Beyond* quien, al repasar sus largos años de conocimiento directo de la realidad estructural latinoamericana como asesor de muchos gobiernos de la región, recordó cómo en los países en proceso de desarrollo tiende a existir un complejo del fracaso ("fracasomanía"). Según Hirschmann, citado por Sudarsky, dicho síndrome se forma a partir de conductas que se rigen por comportamientos dependientes e individualistas, que proporcionan *"(...)un verdadero síndrome comportamental, impregnando de tal manera las instituciones oficiales como para enquistarse y conducir a que cada nueva administración introduzca su propio conjunto de soluciones preconcebidas, las cuales incluyen la consideración de la inutilidad de las experiencias de aprendizaje previas sobre desarrollo organizacional y social "[17]*. Por fortuna, y como se verá mas adelante, ésta no es la regla universal. El caso de Bogotá muestra cómo sí es posible controlar los efectos perversos de la volatilidad y de la impredecibilidad, gracias al distanciamiento intencionado del síndrome de la fracasomanía que se dio con la continuidad de las políticas de desarrollo del espacio público urbano, eslabonadas desde 1992.

Este dato refleja que en la esfera del espacio público reside una buena parte del potencial de las posibilidades para lograr el mejoramiento del ámbito colectivo, puesto que al ser desarrollado, dicho espacio permite la convergencia de la deliberación pública y de las soluciones propuestas por gobernados y gobernantes. La mera iniciativa de los ciudadanos no es suficiente para transformar los elementos del espacio público. Es poco realista pensar que exista energía suficiente para dinamizar este espacio únicamente a partir de iniciativas ciudadanas. Más bien, es válido decir que es en la esfera del gobierno donde hay incontables posibilidades de llevar a cabo la transformación de este ámbito

---

17 Ver: http://www.banrep.gov.co/blaavirtual/boleti5/bol21/monopo.htm. Consultada el 28 de agosto de 2004.

colectivo, ya que es esta esfera de la política la que tiene más acceso a los recursos, a las posibilidades de promover, motivar, estimular encuentros ciudadanos, y de jalonar políticas públicas para generar el verdadero empoderamiento ciudadano; claro está que esto requiere del concurso voluntario y conciente de los gobernados en la esfera de la sociedad civil. Pero, también, es claro que la gente no puede sola, sobre todo, si se tiene en cuenta que en las ciudades latinoamericanas se vive en un ámbito de escasez. La continuidad de las políticas de redefinición del espacio público, entonces, permite contrarrestar el atraso estructural vigente en América Latina, en la medida en que esto implica la verdadera posibilidad de una transformación de los dos componentes del espacio público, en un lapso relativamente corto, como se verá, a continuación, con el estudio del caso de la ciudad de Bogotá.

En síntesis, las características idiosincráticas de cada país, fusionadas con los alarmantes índices socioeconómicos de la región y con la precaria continuidad de las políticas públicas de redefinición del espacio público en las ciudades latinoamericanas, hacen que exista una visible volatilidad e incertidumbre económica que se refleja, claramente, en los espacios públicos urbanos y en el manejo que se les da en las distintas administraciones públicas.

III. LA REDEFINICIÓN DEL ESPACIO PÚBLICO EN BOGOTÁ

La perspectiva analítica de este trabajo se basará, principalmente, en una comparación a nivel intraurbano para la ciudad de Bogotá. Se realizará un contraste detallado entre las políticas de manejo del espacio público de la capital, en cinco administraciones distritales (desde Jaime Castro, 1992, hasta la actual, de Luis Eduardo Garzón). Así, se espera ser consecuentes con el registro analítico-crítico de la incertidumbre y costos que conlleva el concepto de síndrome de la fracasomanía ya señalado, y del significado e importancia que adquiere la continuidad de las políticas públicas para la transformación exitosa del orden social, basada en el buen manejo y el desarrollo del espacio público.

Pero, antes de entrar en materia, es necesario advertir que se va abriendo también la posibilidad de desarrollar una perspectiva de análisis comparado interurbano, entre la capital y otras ciudades importantes del país. Esto se debe a que el fenómeno del espacio público en Colombia, y en otros países, se posiciona como uno de los temas más importantes y representativos de lo que son las políticas públicas innovadoras para el fortalecimiento de la participación ciudadana y de la descentralización urbana, en la democracia latinoamericana.

También, a que cada vez es mayor el estudio y la información disponible sobre esta temática en otras ciudades[18].

En consecuencia, este trabajo podría extenderse para abordar esta nueva perspectiva de comparación interurbana de las políticas de manejo del espacio público en las ciudades colombianas. Sin embargo, esto implicaría trascender el alcance asignado a este trabajo, corriendo el riesgo de emprender un abordaje comparativo desequilibrado en el cual las particularidades del desarrollo de las políticas de espacio público en Bogotá estarían complementadas con señalamientos puntuales y desordenados sobre este tipo de políticas en otras ciudades, tales como Cali, Medellín y Bucaramanga. Alternativamente, entonces, se ha optado por concentrar este trabajo en el caso de la ciudad de Bogotá. Esto no impide aludir a la pertinencia e importancia que tendría un esfuerzo posterior para realizar una comparación interurbana sobre las políticas de espacio público, que permita la identificación de algunos rasgos comparables y el señalamiento de las particularidades de cada caso; todo en consecuencia con la complejidad inherente a la fenomenología del espacio público urbano.

JAIME CASTRO (1992–1994): SANEAMIENTO DE LA HACIENDA PÚBLICA Y DESCENTRALIZACIÓN DE BOGOTÁ

En el año 1992, el ex ministro liberal Jaime Castro resultó elegido como Alcalde Mayor de Bogotá. Fue el último burgomaestre de la ciudad capital elegido en representación de uno de los dos partidos tradicionales de Colombia. Según varios especialistas en el tema[19], Castro efectuó una reforma a la normatividad y la estructura política para el manejo de la ciudad, reordenando y recuperando buena parte de las finanzas del Distrito Capital, gracias al control de la evasión

---

18 Recientemente, se han realizado diversos seminarios sobre las perspectivas e implicaciones de las políticas de manejo del espacio público. Algunos ejemplos son el realizado en la Universidad de Texas en Austin, College of Liberal Arts, Mexican Center of LLILAS, Andrew W. Mellon Doctoral Fellowship Program in Latin American Sociology. *The End of Public Space in Latin American City?*, marzo 4 y 5 de 2004; el taller *La Redefinición del Espacio Público en Colombia*, realizado en la Universidad de los Andes, Departamento de Ciencia Política, Woodrow Wilson International Center for Scholars, Fundación Interamericana, IAF, Fundación Terpel, 13 de mayo de 2005, Sala Hermes Universidad de los Andes; y el foro realizado por la Cámara de Comercio de Bogotá, el 12 de mayo de 2005.

19 Ver: Pizano, Lariza. *Bogotá y el cambio. Percepciones sobre la ciudad y la ciudadanía.* Colombia: IEPRI - Universidad Nacional de Colombia, CESO - Universidad de los Andes, Colección Maestrías, 2003.

al pago de impuestos y a la racionalización que se le dio a la captación de los tributos. También, apoyándose en el marco de la nueva Constitución Política de 1991, promulgó la Ley de Descentralización del Distrito que subdividió el territorio urbano en localidades, logrando representar cada vez más distintos intereses de la comunidad[20]. Asimismo, se promulgó la Ley 1 de 1992, que determinó la organización y el funcionamiento de las Juntas Administradoras Locales, JAL, como extensión de la democracia representativa al ámbito urbano barrial. Se reorganizó la ciudad de tal manera que cada localidad tuvo la posibilidad de contar con su propia JAL y sus respectivos representantes, elegidos popularmente mediante una estrategia descentralizadora para la creación de nuevas iniciativas por parte de la ciudadanía. Vista en perspectiva, hoy la alcaldía de Jaime Castro es reconocida como el punto de partida para que sus sucesores pudieran implementar las políticas de construcción de cultura ciudadana y de redefinición del espacio público. En particular, es común decir que el ordenamiento de la hacienda pública de la capital de la República fue lo que potenció la generación de los recursos necesarios para el emprendimiento continuado de estas políticas públicas de progresión democrática.

ANTANAS MOCKUS (1995–1997): EL GIRO HACIA LA CONSTRUCCIÓN DE LA CULTURA CIUDADANA

Igualmente, haciendo buen uso del marco constitucional de 1991, el sucesor de Jaime Castro abrió la posibilidad para el acceso de los actores políticos "no tradicionales" al ejercicio formal del poder político. Antanas Mockus irrumpió como el primer Alcalde Mayor elegido popularmente, luego de una campaña electoral caracterizada por la austeridad en el gasto y por la total independencia frente al bipartidismo. Este burgomaestre, sin antecedentes convencionales en la forma de hacer política, fusionó su experiencia académica (filósofo, matemático y ex rector de la Universidad Nacional de Colombia) con una estrategia de movilización y reclutamiento político, basada en la *"utilización de la metáfora del juego como instrumento de educación y socialización"*[21]. Implementó nuevas maneras de concebir la política a través de un lenguaje diferente (coloquial, lúdico, afectivo), y de la práctica de nuevas relaciones con sus

---

20 En el texto de esta ley descentralizadora se listan, claramente, las nuevas localidades en las cuales se subdividió el área metropolitana de Bogotá.

21 Peña, Sonia Lucía, *Rito y símbolo en la campaña electoral para la Alcaldía de Bogotá*. En Antanas. Del mito al rito. Bustamante, Darío (Editor – Compilador). Colombia, 1995, página 25.

electores potenciales. En su Plan de Desarrollo siempre estuvo, como principal objetivo, la mejoría del elemento intangible del espacio público. Desde el comienzo de su administración, emprendió la estrategia de generar una verdadera cultura ciudadana en una urbe desprestigiada que, para entonces, no generaba ningún sentido de pertenencia a sus habitantes, provenientes de toda Colombia. Sus propuestas y acciones estuvieron enmarcadas en la idea de fomentar una cultura cívica en los individuos, que se viera reflejada en el comportamiento respetuoso para con los otros y lo público. Como se señaló anteriormente, es en este ámbito colectivo donde los ciudadanos, como *seres-ahí* heideggerianos, forjan sus propias identidades. El mismo Mockus, en el taller *La redefinición del Espacio Público en Colombia*[22], dejó clara la importancia de entender dicho ámbito como "lo del pueblo, lo que no es secreto y lo que todos tienen derecho de comunicar y conocer" para, de esa manera, apreciar el espacio público como algo "sagrado". Todo esto enmarcado en lo que ya se denominó como el elemento valorativo e intangible de las políticas de redefinición del espacio público, entendiendo la regulación de las relaciones entre los desconocidos como el verdadero reto que se concentra en los espacios públicos de la ciudad, el cual puede enfrentarse mediante la promoción de los procesos deliberativos[23]. Por esta razón, sus políticas rubricadas como "Formar Ciudad" pedagógicamente, estuvieron caracterizadas por la implementación de juegos ciudadanos que buscaban efectos positivos en la manera como los individuos utilizan el espacio público[24] y en el énfasis en la depuración de las relaciones interpersonales propias de este contorno. Para esto, introdujo símbolos que manejaban la estética con el fin de animar y promover actitudes positivas en los ciudadanos[25], y lograr hacer de este espacio un lugar donde la *multifuncionalidad*, como bien lo señaló Borja, fuera un valor ético esencial en todos los individuos. Su proyecto de redefinición del espacio público se

---

22 Realizado en la Universidad de los Andes por el Departamento de Ciencia Política, el Woodrow Wilson International Center for Scholars, la Fundación Interamericana, IAF, y la Fundación Terpel, el 13 de mayo de 2005. Sala Hermes, Universidad de los Andes.

23 *Ibíd.*

24 López Borbón, Liliana. *Construir ciudadanía desde la cultura.* En Aproximaciones comunicativas al Programa de Cultura Ciudadana. (Bogotá, 1995-1997.) Bogotá: CLACSO, Alcaldía Mayor de Bogotá IDTC, 2003.

25 Bromberg, Paul, y Espinel, Manuel. *La cultura ciudadana como eje del plan y de los principales proyectos prioritarios a cargo del Instituto Distrital de Cultura y Turismo.* Ibíd. Bustamante, Darío, página 35.

basó en tres elementos principales: *físicos* (recursos materiales colectivos), *funcionales* (el uso y mantenimiento de los anteriores) y *estructurales* (la forma como el espacio público se relaciona con otros elementos de la ciudad, tales como el trasporte y el medio ambiente)[26]. Adicionalmente, Mockus pronunció discursos con el fin de generar sentido de pertenencia hacia la ciudad y los lugares públicos, y generó programas de participación ciudadana en las localidades establecidas por su antecesor, Jaime Castro. Todo con la lógica del ámbito público como proveedor de un "bien público" y lugar que, como lo ha dejado claro Herzog, se presta para la expresión de la política, la contestación, el arte y la cultura de los individuos.

Dentro de las principales políticas de Antanas Mockus, siempre estuvo presente la recuperación del medio ambiente de la ciudad, de aquel en que se *es* ciudadano. Con este objetivo, priorizó las políticas ambientales con las que *"(...) apuntaba a reorientar los procesos que producían deterioro del entorno, desencadenando fuerzas y procesos que mitigaran, controlaran y previnieran el deterioro de la calidad ambiental de la ciudad"*[27]. Este énfasis en la estrategia ambiental es compatible con la referencia a la importancia del "enverdecimiento" de la ciudad de México, hecha por Herzog, como aspecto central para el inicio de políticas públicas orientadas hacia la redefinición del espacio público[28]. Lo anterior en el entendido de que en la medida en que exista un espacio agradable de reunión y de encuentro, los ciudadanos tenderán a sentirse más vinculados con su ciudad. En consecuencia con esta prioridad, Mockus propició la recuperación de los espacios públicos desprovistos de la vinculación y del sentido de pertenencia ciudadana. La urbe que no era de nadie comenzó a significarle algo a sus moradores, quienes sólo vendrían a comprender y a valorar la transformación de su ciudad, siendo testigos de la recuperación de los parques, las alamedas, las plazas y los andenes, que habría de consolidarse en virtud de la continuidad de las políticas de recuperación del espacio público de Bogotá[29]. A la promoción mockusiana del elemento intangible de este espacio público, habría que sumarle el tangible.

---

26 Pizano, Lariza. *Ibid.*, página 41.
27 *Plan de Desarrollo Económico Social y de Obras Públicas para Santa Fe de Bogotá, D.C., 1995-1998*, en Formar Ciudad, artículo 10.
28 Herzog A. Lawrence. *Globalization and the crisis of Public Space: The example of Mexico*. En The End of Public Space in Latin American City?, marzo 4 y 5 de 2004.
29 Ver: Martin, Gerard; Cevallos, Miguel. *Bogotá: anatomía de una transformación. Políticas de seguridad ciudadana, 1995-2003*. Bogotá: Editorial Pontificia Universidad Javeriana, 2004.

Enrique Peñalosa (1998 – 2000): Manos a la obra

Este actor de la política bogotana alcanzó la Alcaldía Mayor en las elecciones de 1997, luego de haber sido derrotado tres años atrás por el propio Antanas Mockus. Al igual que su antecesor, Peñalosa ganó la competencia electoral con una candidatura independiente, a pesar de su pertenencia a una familia de estirpe liberal. Todo apuntaba a que hasta ahí llegaría la contradicción al síndrome de la fracasomanía, debido a las características tan diferentes de estos dos actores. Sin embargo, las primeras políticas del nuevo Alcalde Mayor, el Plan de Ordenamiento Territorial, POT, y el Plan "Por la Bogotá que queremos", acarrearon el propósito de fortalecer el acercamiento de la ciudadanía a la urbe, a partir de la formulación y creación, entre otras, de un sistema de transporte masivo, de la construcción de nuevas vías, de la generación de bancos de tierras, de la adecuación de un sistema de parques y de la construcción de un sistema de bibliotecas públicas[30]. En esta administración, se les dio un giro al análisis y al diseño del espacio público, teniendo como objetivo central el elemento tangible de este entorno. Para Peñalosa, el espacio físico que usa el peatón es un punto crucial de la ciudad puesto que es el lugar de convergencia de la mayoría de los ciudadanos y, por este motivo, es necesario recuperarlo, creando una infraestructura física viable que traiga como consecuencia un mejor trato entre los individuos, con la idea de que si la ciudad cambia, sus ciudadanos también lo harán[31]. Por esta razón, en esta administración, se implementó un nuevo lenguaje, más amplio y más específico, de lo que significaba el espacio público en la ciudad. Se dividió según sus elementos[32]:

- *Naturales*: áreas de preservación y conservación orográfica, como cerros y montañas; áreas de preservación hidrográfica, como ríos, embalses y quebradas; áreas de interés ambiental y paisajístico, como parques naturales, bosques y separadores.

- *Construidos*: áreas de circulación peatonal, como puentes, andenes, ciclorrutas y alamedas; áreas de circulación vehicular, como puentes, calzadas e intersecciones; áreas para el encuentro y articulación urbana, como plazas, plazoletas, parques, escenarios deportivos y culturales; áreas

---

30 Ver: Pizano, Lariza. *Ibíd.*, páginas 47 y 48.
31 *Ibíd.* Taller *La Redefinición del Espacio Público en Colombia*, mayo de 2005.
32 Ver: Martin, Gerard; Cevallos Miguel. *Ibíd.*, página 276.

de interés y conservación cultural y arquitectónica, como monumentos, murales, esculturas y fuentes; y áreas de elementos privados que hacen parte del perfil vial, como fachadas y antejardines.

- *Complementarios*: elementos de vegetación; elementos del mobiliario urbano, como bancas, luminarias, juegos infantiles, canecas, teléfonos, etc.; y elementos de señalización.

Por otro lado, programas como el POT, a manera de plan urbanístico a diez años, tácitamente le daban continuidad a las políticas iniciadas en la administración Castro y seguidas en la primera alcaldía Mockus. Con esto, Peñalosa consolidaba una perspectiva de planificación y desarrollo urbano de largo plazo, la cual se complementó con los propósitos de asegurar el acceso directo de los bogotanos a la nueva infraestructura de la ciudad, teniendo siempre en cuenta la igualdad como factor esencial de la organización de la misma[33]. En consecuencia, se promovieron los *Encuentros Ciudadanos* con los que se buscaba fortalecer la participación directa de los bogotanos en las políticas de implementación de los nuevos proyectos de desarrollo local para, de esa manera, abrir más espacios *relacionales* en la lógica de Arendt; es decir, concibiendo como indispensable que los individuos, por medio de la deliberación, pudieran alcanzar la diferenciación y optimización de sus propios intereses, sin dejar de lado los intereses del colectivo. En virtud de la disponibilidad de recursos obtenibles, en buena medida por el reordenamiento de las finanzas de Bogotá y de la transparencia de sus antecesores, Peñalosa dispuso del capital necesario para emprender el más ambicioso programa de obras públicas de la historia de la capital, y reforzar, así, el elemento tangible de la redefinición del espacio público. Esta alcaldía recuperó los andenes para los peatones, construyó el sistema de Red de Bibliotecas Públicas, inició el proyecto de recuperación histórica del centro de la ciudad y, para resaltar, creó la Defensoría del Espacio Público, abriendo con ella la posibilidad de darle respuesta a las incontables demandas y querellas que los mismos bogotanos formulaban en contra de los violadores y abusadores de este espacio. También, promovió la recuperación y fortaleció el embellecimiento de los parques y las plazoletas, mediante la incorporación de obras de arte de autoría de los más connotados artistas colombianos. Construyó las ciclorrutas en concordancia con el despegue y desarrollo de la primera política metropolitana de transporte masivo –conocida como Transmilenio– para reducir la dependencia de los automóviles, promover

---

33 *Ibíd.* Taller *La Redefinición del Espacio Público en Colombia*, mayo de 2005.

el uso de bicicletas y del transporte público, y fomentar la peatonalidad. Todo el avance logrado en la infraestructura pública se enmarca en lo que Peñalosa cita acerca del urbanista Jan Gehl[34]. Para este último, el éxito de las diferentes ciudades del mundo debe medirse por el interés y las ganas que sus ciudadanos tengan de salir de sus propios hogares. En la medida en que un individuo encuentre más gusto en realizar sus actividades lúdicas en el espacio público, la ciudad tendrá más éxito y la calidad de su elemento tangible también se fortalecerá.

El resultado de la gestión pública de Enrique Peñalosa estuvo rodeado de una polémica que pronto fue superada por el consenso alrededor del reconocimiento a una gestión que cambió la imagen física de Bogotá, que le devolvió a sus habitantes el sentido de pertenencia y que, además, amplió considerablemente el prestigio personal de este alcalde que, al igual que Antanas Mockus, hoy aspira a la presidencia de la República. Es indiscutible que en su administración se incrementó tanto la calidad como la cantidad de lugares públicos bogotanos[35]. Del mismo modo, se enfatizó en el tema de la seguridad ciudadana como eje relacional del espacio público; no sólo seguridad en el entendido de "más policías", sino en el de la aplicación de los valores ético-morales para el mejor uso del espacio público. Cabe resaltar que la privatización del espacio público, como bien lo afirman Martin y Cevallos, da pie para que en las sociedades urbanas germinen actividades ilícitas como la "piratería", la venta de drogas y del contrabando, entre otras. Parece que existe un círculo vicioso entre la privatización del espacio público y la inseguridad, en la medida en que si no hay lugares públicos viables tanto la inseguridad como las actividades ilícitas tienden a incrementarse, pero, asimismo, mientras que éstas aumentan, los ciudadanos pierden el respeto por lo público.

ANTANAS MOCKUS (2001 – 2003): LA CONSOLIDACIÓN DE LA NUEVA BOGOTÁ

Este ex Alcalde Mayor independiente, que al final de su primera administración, abandonó su cargo con la intención de ingresar a la competencia presidencial del período 1998–2002, luego de una contundente derrota electoral a esta

---

34 Ver: *Ibíd.* Taller *La redefinición del espacio público en Colombia*, mayo de 2005.
35 Ver: Martin, Gerard; Cevallos, Miguel. Op.cit., página 158.

aspiración, optó por retornar al gobierno de Bogotá. Pero antes de poder formalizar su segunda campaña para la Alcaldía Mayor, tuvo que convencer a sus electores de la sinceridad de sus intenciones de regresar. Logró, entonces, alcanzar su segundo período de gobierno de la ciudad, derrotando de nuevo a los competidores que representaban a los partidos tradicionales. Estos, por tercera vez consecutiva, quedaron por fuera de la posibilidad de gobernar la principal ciudad colombiana.

El segundo gobierno de Antanas Mockus no sólo significó un refuerzo al fortalecimiento del elemento tangible del espacio público, jalonado por su antecesor, dándole continuidad a sus principales megaproyectos (especialmente, el Transmilenio, la Red de Bibliotecas Públicas, la ampliación de las zonas verdes y de recreación, y la extensión de la red de ciclorrutas), sino que fusionó este compromiso con la implementación del elemento intangible de la redefinición del espacio público, al darle continuidad a sus propias políticas de fortalecimiento de la cultura ciudadana. Con su plan "Bogotá para vivir 2001–2003"[36], se propuso lograr un desarrollo "transversal" de los principales problemas de la ciudad, integrados en siete ejes: Cultura Ciudadana, Productividad, Justicia Social, Educación, Ambiente, Familia y Niñez, y Gestión Pública Admirable.

Con el primero de ellos, la Cultura Ciudadana, buscaba propiciar un ambiente de comunicación y solidaridad para asegurar un uso adecuado el espacio público donde los individuos, por medio de discursos y no de la fuerza, lograran entablar deliberaciones ciudadanas para llegar a fines comunes. Como complemento, fortaleció los programas de capacitación ciudadana con normas de urbanismo y espacio público. Para esto, encausó un trabajo interinstitucional al cual se vincularon todas las entidades distritales con incumbencia en el manejo de los asuntos correspondientes. Especial énfasis le fue otorgado a la política de reubicación de los vendedores ambulantes que se estacionaban en los andenes, plazas y parques de la ciudad. Adicionalmente, reforzó el sistema distrital de sostenibilidad de parques y el "Día sin Carro", políticas que él mismo había comenzado en su primer gobierno, e impulsó nuevas actividades lúdicas y deportivas, tales como las ciclovías nocturnas, lunadas, salidas pedagógicas y jornadas educativas, junto con los juegos escolares intercolegiados. Adicionalmente, siguiendo con la otorgada prioridad a las políticas ambientales

---

36 Para mayor información sobre la acción gubernativa de Antanas Mockus durante su segunda administración, ver: CD ROM *Bogotá para vivir 2001-2003*. En Informe de cumplimiento de compromisos del Plan de Desarrollo.

de su primera administración, en su segundo gobierno, Mockus ejerció varias acciones que tenían como fin controlar la contaminación ambiental, y fortalecer la recuperación y el buen manejo de la estructura ecológica del espacio público de la ciudad.

La culminación del segundo gobierno distrital de Mockus permeó el ambiente para que este cargo, tradicionalmente considerado como el segundo de mayor importancia política a nivel nacional, fuera del interés de la totalidad de los aspirantes a liderar proyectos políticos ambiciosos en Colombia, incluida la izquierda moderada aglutinada en un proyecto político alternativo al bipartidismo, conocido como El Polo Democrático. Bogotá representa una demostración de las posibilidades de un cambio democrático en el cual resulta innegable el involucramiento ciudadano en apoyo a las iniciativas y a la continuidad de las políticas sobre el espacio público, emprendidas y continuadas durante las cuatro administraciones distritales hasta aquí registradas. El hecho de que una ciudad que hasta hacía muy pocos años no le generaba un sentido de pertenencia a sus habitantes y que a lo largo de cuatro administraciones se transformó sustancialmente, no sólo en su infraestructura física sino en la manifestación de las conductas y los comportamientos interpersonales, resultaba ser un atractivo para cualquier proyecto político futuro.

LUIS EDUARDO GARZÓN (2004-2006): LA INCERTIDUMBRE DEL GOBIERNO DE LA IZQUIERDA DEMOCRÁTICA

Las distintas corrientes convergentes en lo que se ha llamado Izquierda Democrática propusieron la candidatura de un ex líder sindical quien, a diferencia de sus antecesores, carecía de nexos políticos tradicionales como Castro y Peñalosa, y/o de títulos universitarios avanzados como Mockus y los otros dos ex alcaldes mayores. La candidatura de Luis Eduardo Garzón obtuvo una victoria contundente, que ni él ni su movimiento esperaban obtener. De esta manera, la presente alcaldía comenzó a gobernar el primero de enero de 2004, rodeada de la incertidumbre de si el representante del Polo Democrático continuaría con la ruptura del síndrome de la fracasomanía o si, por el contrario, cambiaría las políticas en consecuencia con su discurso preelectoral. No obstante, aún es temprano para disponer de suficientes elementos indicativos de que esto no vaya a ser así. Lo más sobresaliente del compromiso de este nuevo Alcalde Mayor es su promesa de atender a los sectores más pobres y paupérrimos de la ciudad, con el propósito central de luchar contra el aumento de la pobreza que sigue registrándose en Bogotá. Sin embargo, el énfasis en una política social para aliviar el flagelo de la pobreza no necesariamente es un indicio de ruptura con el fomento de la cultura ciudadana y con la continuidad de las políticas de redefinición del espacio público.

El Plan de Desarrollo "Bogotá Sin Indiferencia 2004-2008", que promueve los principios de solidaridad, autonomía, participación y probidad entre gobernados y gobernantes, reúne tres ejes principales: la reconciliación, el urbano-regional, y el social[37]. Por esta razón, su alcaldía intenta aprovechar al máximo aquellos espacios en que los ciudadanos pueden participar de las decisiones del gobierno, al igual que aquellos lugares en que la misma administración se introduce en la vida ciudadana. Para esto, se lanzaron programas como "Misión Bogotá", "Bogotá Sin Hambre", "Comité CREA" (espacios de participación ciudadana en torno a proyectos de infraestructura), entre otros, en donde se pretende continuar con las políticas de empoderamiento ciudadano establecidas en las administraciones anteriores: *"(...)proponemos la formulación de una política distrital de participación cuya estrategia central es la puesta en marcha de un Sistema Distrital de Participación, que aborde los problemas existentes actualmente en la ciudad en esa materia"*[38]. Estos sistemas distritales de participación pretenden reunir a varios actores políticos para lograr procesos deliberativos más extendibles e incluyentes, que contribuyan con la mejora de las condiciones de todos los ciudadanos, y para propiciar una mejor coordinación entre las instituciones participativas de la capital.

En el tema específico del espacio público, la administración actual, en su Plan de Desarrollo Económico, Social y de Obras Publicas, deja claro que es fundamental la ampliación y la consolidación del sistema de este entorno mediante *"acciones relacionadas con construcción, sostenibilidad, defensa, pertenencia, disfrute y uso del sistema teniendo, en cuenta las prioridades de inversión y el Plan Maestro de Espacio Público"*[39]. Asimismo, siguiendo las tesis expuestas por Hannah Arendt, esta administración también entiende lo

---

37 Collazos, María Lourdes. *El espacio público, un lugar para la cooperación, el aprendizaje y el conflicto.* Tesis para obtener el grado de Politóloga, Universidad de los Andes, Director: Gabriel Murillo, Bogotá, enero de 2005, página 43.

38 González Esperanza; Maldonado, Alberto; Moreno, Carlos; Rodríguez, Germán Darío; Sandoval, Luis; Velásquez, Fabio. *Construyendo ciudad y ciudadanía política de participación ciudadana para Bogotá, D.C.,* Bogotá: Mimeo, febrero de 2004. Página 5.

39 CD ROM: *Plan de Desarrollo Económico, Social y de Obras Públicas. Bogotá 2004-2008.* Bogotá Sin Indiferencia, Alcaldía Mayor de Bogotá, D.C.

público como el lugar en donde se establecen las diferencias y las desigualdades de los diversos grupos sociales de la ciudad, llegando a acuerdos que beneficien el bien común[40] . Cabe resaltar que el hecho de que las políticas primordiales de la administración Garzón sean de corte social, hace que su manejo del espacio colectivo esté centrado en la ayuda a los más necesitados. En una entrevista realizada al arquitecto Fernando Montenegro, se aclara que los vendedores ambulantes no son un problema de los espacios públicos de la ciudad sino que, por el contrario, son *"un elemento más dentro del espacio público, que tienen una condición fundamental dentro de la economía de Bogotá"[41]* .

En este punto, puede estar la posible "ruptura" de la continuidad de las políticas públicas de redefinición del espacio público de esta administración con las anteriores. Mientras que en las políticas de los años pasados se dio prioridad a alguno de los dos elementos del espacio público, en la administración actual el tema social es preferente y se entiende como eje transversal para fortalecerlos. Anteriormente, por ejemplo, a los vendedores ambulantes se les intentó retirar de lugares y calles públicas más importantes de la ciudad. Hoy en día, como lo señala Montenegro, mientras que en las últimas alcaldías el manejo de este tema era algo más técnico, en la actualidad se le pretende dar un trato diferente, logrando que a este grupo social se le reubique: *"(...) la ciudad debe construir posibilidades para este tipo de comercio, pues modernización no significa acabar con las cosas esenciales"[42]* .

En diciembre de 2004, el Alcalde Mayor se comprometió con la ciudadanía a desalojar a los vendedores ambulantes de una de las calles principales y más tradicionales de la ciudad, la carrera 7a. (entre las calles 15 y 26), antes de mayo de 2005. De igual forma, a su compromiso de recuperar el espacio público, que parecía estar cada vez mas invadido por los vendedores ambulantes, se le sumó la recuperación de otros lugares públicos localizados en barrios populares como El Restrepo, en donde se albergaban alrededor de 340 vendedores. Para febrero de 2005, comenzaron las protestas de los comerciantes informales aludidos, quienes demandaban que el Alcalde les diera una prórroga y revocara

---

40 *Políticas Culturales Distritales 2004-2016*. Bogotá Sin Indiferencia, Alcaldía Mayor de Bogotá, Sistema Distrital de Cultura, marzo de 2004, página 47.

41 UN Periódico, entrevista realizada por Sandra Gómez Galindo. Domingo 10 de abril de 2005, Publicación de la Universidad Nacional de Colombia, página 11.

42 *Ibíd.*, página 11.

la resolución 291 del Espacio Público para que su ocupación no siguiera siendo perseguida por la administración local. El Alcalde Garzón comenzó a verse asechado por la prensa y por la ciudadanía, desde el momento en que uno de los periódicos más importantes del país sacó a la luz que el 23,5% de los espacios públicos que habían sido recuperados en administraciones anteriores estaban siendo nuevamente "invadidos" por el comercio informal[43]. Otro ejemplo de invasión al espacio público de la ciudad es aquella a la que se enfrentan los residentes de Chapinero (entre las calles 54 y 56 con la Troncal de la Caracas), quienes ven invadido su espacio por más de 2.000 "mariachis" que se paran en las calles, con el fin de conseguir clientes para sus serenatas[44].

El fenómeno de la venta ambulante en las vías públicas de Bogotá ha adquirido una sobredimencionalización en las percepciones de la opinión sobre el espacio público. Las controversias entre los críticos de la gestión administrativa de Garzón, en buena medida, alimentadas por los medios de comunicación y la propia administración, han representado una pendularidad que refleja dos inconsistencias significativas. Por un lado, está la indefinición de acciones coercitivas para concretar medidas de desalojo de los vendedores informales de las vías públicas. Esta indefinición se expresa en el señalamiento impreciso de fechas tope y de plazos perentorios para proceder al desalojo, dando pie al surgimiento de contradicciones y desacuerdos entre las mismas entidades del gobierno distrital. Así, por su parte, la Defensoría del Espacio Público anunció en febrero que no desalojaría a los informales de El Restrepo, y el gobierno distrital anunció 10 días más tarde que para el mes de abril comenzaría su desalojo[45]. Por el otro, se encuentran las interpretaciones y justificaciones de las partes en conflicto, las cuales se expresan según las circunstancias y conveniencias correspondientes. Por ejemplo, los antagonistas del Alcalde Garzón señalan públicamente que esta lentitud en la definición de acciones, acompañada de concesiones a los comerciantes callejeros, no sólo no es una solución de fondo sino que se presta para más distorsiones, al implicar que los vendedores beneficiados con políticas alternativas de acceso al empleo en programas distritales como "Misión Bogotá" llegan a la informalidad para lograr, más tarde, la formalidad en sus empleos. *"Planteadas así las cosas, acaso ¿habría sido mejor intentar con ellos soluciones verdaderamente*

---

43 Periódico El Tiempo, viernes 28 de enero de 2005.
44 *Ibíd.*
45 Periódico El Tiempo, martes 1 de febrero de 2005 y jueves 10 de febrero de 2005.

productivas? Claro que sí, y de aplicarse evitaríamos la tentación futura, que ahora tienen muchos, de hacer el tránsito por la informalidad para llegar a las nóminas oficiales"[46].

También, están los titulares de prensa que, de manera reiterada, han dejado la sensación de precariedad e inestabilidad de las políticas para la recuperación del espacio público[47]. Este preocupante reduccionismo en la atención a la problemática del espacio público de Bogotá se extiende al hecho de que la administración del alcalde Garzón, a pesar de su consecuencia con la continuidad de proyectos significativos de desarrollo de la infraestructura física de la urbe, tales como el trasporte masivo (Transmilenio), la construcción de puentes y ejes viales, no ha podido darle continuidad a los demás componentes del elemento tangible del espacio público que sí habían atendido sus antecesores. Se percibe un deterioro por falta de mantenimiento de las obras públicas de las administraciones precedentes ya señaladas y, tal vez, se impone la pregunta de si esta alcaldía está acechada por la siguiente encrucijada: o se es consecuente con el discurso de campaña electoral y se prioriza la política social para atenuar la pobreza y la miseria crecientes, o se destinan parte de los recursos escasos para darle continuidad a las políticas de fortalecimiento y promoción del espacio público en beneficio de la totalidad de los estratos socio-económicos de Bogotá.

Aún es imposible emitir una afirmación radical acerca del direccionamiento evolutivo del síndrome de la fracasomanía en las políticas de manejo del espacio público en Bogotá, con las acciones del alcalde Garzón en este campo. Existen elementos para argumentar en ambas direcciones. En primer lugar, estaría lo atinente a la continuidad en la contradicción del síndrome de la fracasomanía, reflejada claramente en el eslabonamiento de las cuatro alcaldías precedentes. No puede afirmarse que Garzón haya causado una ruptura frontal con las acciones previas en beneficio del espacio público. No sólo la continuidad con los macroproyectos de desarrollo urbanístico, sino la preocupación por darle una buena solución al problema de los vendedores ambulantes, impiden este señalamiento.

---

46 Periódico El Tiempo, domingo 12 de junio de 2005.
47 *"Con las medidas de la administración del alcalde Luis Eduardo Garzón frente al espacio público se abre una compuerta por la que Bogotá puede perder calidad de vida"* (Revista SEMANA, noviembre 15 de 2004), *"Reversazo del Distrito en el Restrepo"* (Periódico El Tiempo, martes 1 de febrero de 2005), *"Burla a espacios públicos recuperados"* (Periódico El Tiempo, viernes 28 de enero de 2005).

En segundo lugar, tampoco puede afirmarse contundentemente lo contrario, es decir, que el síndrome de la fracasomanía reaparece en el caso de las políticas públicas sobre este espacio. El énfasis en las políticas sociales difícilmente puede reflejarse en la infraestructura física de una ciudad, pero sí es tangible en el mejoramiento de la alimentación y nutrición de colegiales de los estratos más pobres de la ciudad, en educación y salud públicas, e indican el riesgo y la cercanía del deterioro de los espacios públicos capitalinos. Aquí sólo cabe ratificar, por un lado, la validez de la encrucijada anotada y, por el otro, acudir a la responsabilidad y compromiso ciudadano con la protección del espacio público el cual, como se ha reiterado a lo largo de este trabajo, se constituye en un factor determinante, aunque indirecto, de la igualdad, la justicia social, y la progresión democrática.

IV. Conclusiones

Este trabajo ha querido subrayar la idea de que la redefinición del espacio público urbano de América Latina, actualmente, constituye una de las líneas de política pública innovadora más pertinentes para el fortalecimiento de la participación ciudadana y la descentralización en las ciudades de la Región. Para esto, ha disgregado su contenido en el desarrollo de dos componentes principales: la infraestructura física urbana, y la cultura ciudadana, que se expresa a través de la anterior.

Tanto la literatura relativa a la fenomenología del espacio público en sí mismo, como la atinente a las políticas públicas correspondientes, dejan ver claramente que los mayores desarrollos descriptivos y analíticos atienden su tangibilidad, y priorizan el tratamiento de los distintos elementos que constituyen las instalaciones físicas de la urbe. En los planteamientos elaborados por los estudiosos de esta problemática, abunda el interés por el elemento tangible del espacio público, ya sea bajo perspectivas de corte urbanístico o técnico. Esta prioridad, a su vez, se refleja en la primacía urbana de la realidad física y tangible, marcando un sensible desequilibrio frente al elemento subjetivo. Son escasos los abordajes teórico analíticos sobre el componente intangible del espacio público o sobre lo que implica esta asimetría. Este trabajo ha hecho un esfuerzo por desarrollar un eslabonamiento conceptual, que busca articular una gama de planteamientos cuyo vértice está en el señalamiento acerca de la importancia que tiene la subjetividad en el espacio público. Así, y utilizando la lógica gramsciana alusiva a la sociedad civil, es válido afirmar que el espacio público no se potencia a cabalidad sin la manifestación de una relación dialéctica entre lo tangible y lo intangible. En otras palabras, no es dable concebir un espacio público consecuente con esta voz ("de todos") sin la manifestación indiscutible de elementos materiales que hacen atrayente la ciudad a través de los sentidos, junto con elementos etéreos atinentes a conductas y comportamientos cotidianos de la población urbana, que reflejan una verdadera civilidad.

La revisión de las gestiones político-administrativas frente al espacio público de las últimas cinco alcaldías mayores de la ciudad de Bogotá ha permitido registrar una continuidad progresiva de políticas públicas para equilibrar los dos componentes de este espacio. No sólo se ha constatado el énfasis, bastante significativo, en lo intangible para darle al medio urbano una cultura ciudadana sino que, además, se ha visto cómo este acento ha estado acompañado de un importante esfuerzo gubernativo por desarrollar una complementariedad con el componente tangible. El registro de este cambio ha permitido corroborar la transformación de una ciudad que, como se dejó claro, hace apenas una década larga no tenía dolientes ni generaba sentido de pertenencia a sus habitantes.

Hoy día, más allá de su transformación física y cívica por razones de corte político coyuntural, la ciudad manifiesta un cambio en el acento ideológico administrativo de la gobernabilidad, al primar el compromiso con un modelo de instrumentación de política social para enfrentar el aumento continuado de la pobreza, lo cual dificulta el mantenimiento de una infraestructura física que hasta hace muy poco tiempo era el mayor motivo de orgullo de los bogotanos. Si bien objetivamente es difícil estar en desacuerdo frontal con la política social para atenuar la pobreza de la mayoría de los habitantes de Bogotá, aumentan las voces de preocupación y desaliento por causa del deterioro, ya evidente, en una infraestructura física que no está recibiendo el mantenimiento adecuado. Ésta puede ser, claramente, una manifestación importante de la fuerza de una cultura cívica de los bogotanos que, muy probablemente, hace una década no se hubiera manifestado como ahora.

Bogotá ofrece un buen ejemplo de la posibilidad de una transformación, aunque no absoluta sí muy reveladora, por causa de la continuidad de políticas de redefinición de su espacio público en donde se han complementado los esfuerzos para equilibrar lo tangible con lo intangible, demostrando que la inercia, el burocratismo y el estancamiento propios del síndrome de la fracasomanía tan característico de la política latinoamericana, ¡sí puede contradecirse!

Pero aún es más importante y preocupante el registro de la aparición de nuevos factores que propiciarían su reaparición. Es ahí donde radica el reto de una gobernabilidad democrática urbana, que haga posible la superación de la encrucijada entre la armonización de políticas y acciones realistas para luchar contra la pobreza, a la vez compatibles con la necesidad de mantener y fortalecer el espacio público. Es ahí donde debe entenderse que la discontinuidad de las políticas públicas no siempre es el resultado del personalismo egoísta ni de los vicios de los políticos tradicionales, sino que también hay ocasiones en que se desdoblan los retos y las exigencias al ejercicio de una gestión pública democrática equilibrada y comprometida con la provisión de un espacio público integral, en donde los *seres-ahí* heideggerianos tengan acceso a lo común, a lo que es de todos y no es de nadie, sin importar si pertenecen a la esfera de los gobernantes o a la de los gobernados.

V. Bibliografía

TEXTOS

Alcaldía Mayor de Bogotá. *Formar Ciudad*, Proyecto de Plan de Desarrollo Económico, Social y de Obras Públicas para Bogotá, D.C, 1995-1998. Bogotá, 1995.

BECASSINO, Ángel. *Peñalosa y una ciudad 2.600 metros más cerca de las estrellas*. Bogotá: Editorial Grijalbo, 2000.

Bogotá, un esfuerzo de todos. Premio cívico Por Una Bogotá Mejor, 1998–2001. Bogotá: Casa Editorial El Tiempo – Fundación Corona, 2001.

BORJA, Jordi. *La ciudad conquistada*. Madrid: Alianza Editorial, 2003.

BUSTAMANTE, Darío (Editor–Compilador). *Antanas. Del mito al rito*. Colombia, 1995.

Contraloría de Bogotá D.C. *Gestión de las localidades del Distrito Capital 1992-1994*, Bogotá.

Formar para la democracia. Políticas culturales en el Distrito Capital y sus localidades. Serie Políticas Culturales, Alcaldía Mayor de Bogotá, Bogotá sin Indiferencia, marzo de 2004.

GARAY, Luis Jorge. *Algunas concepciones teóricas sobre lo público: una aproximación básica*. En Garay, Luis Jorge, Ciudadanía, lo público, democracia. Bogotá: Textos y notas, 2000.

GARCÍA, Sánchez, Miguel. *¿Ciudadanía avergonzada? Democracia local y construcción de ciudadanía en Bogotá*. Universidad de los Andes, CESO, Universidad Nacional de Colombia, IEPRI, Colección Maestrías, 2003.

GONZÁLEZ, Esperanza; MALDONADO, Alberto; MORENO, Carlos; RODRÍGUEZ, Germán Darío; SANDOVAL, Luis; VELÁSQUEZ, Fabio. *Construyendo ciudad y ciudadanía política de participación ciudadana para Bogotá, D.C.* Bogotá: Mimeo, febrero de 2004.

HABERMAS, Jürgen. *The structural transformation of the Public Sphere. An Inquiry into Category of a Bourgeois Society*. Cambridge: MIT Press, MASS, 1993.

HEIDEGGER, Martin. *El ser y el tiempo*. México: Fondo de Cultura Económica, 2002.

KUNDERA, Milán, *La Inmortalidad*. Barcelona: Fábula Tusquetes Editores, 2001.

LÓPEZ Borbón, Liliana. *Construir ciudadanía desde la cultura. Aproximaciones comunicativas al programa de Cultura Ciudadana (Bogotá, 1995-1997)*. Bogotá: CLACSO, Alcaldía Mayor de Bogotá, IDTC, 2003.

MARTIN, Gerard; CEVALLOS, Miguel. *Bogotá: anatomía de una transformación. Políticas de seguridad ciudadana 1995-2003*. Bogotá: Editorial Pontificia Universidad Javeriana, 2004.

Memorias del *Plan de Desarrollo 2001-2003: Bogotá para vivir todos del mismo lado*. Alcaldía Mayor, Antanas Mockus Sivickas, 2003.

MOCKUS, Antanas, *Cultura, ciudad y política*. En La ciudad observada. Violencia, cultura y política. Bogotá: Tercer Mundo Editores, 1998.

Observatorio de Cultura Urbana (editor), *Reflexiones sobre cultura ciudadana en Bogotá*. Alcaldía Mayor de Bogotá, IDCT, 2002.

MURILLO, Gabriel; PIZANO, Lariza, CASAS; Carolina (Compiladores). *Deliberación pública y desarrollo económico. Diez experiencias de toma de decisión comunitaria en América Latina*. Bogotá: Interamerican Foundation, IAF, Council on Public Policy Education, CPPE, Universidad de los Andes, 2003.

MUÑOZ, María Teresa. *CALI: Convivencia y ciudad*. En Ciudad e inclusión: Por el derechos a la ciudad. Fabio Velásquez, Compilador. Bogotá: FEDEVIVIENDA, Foro Nacional por Colombia, Corporación Región, Asociación de Trabajo Interdisciplinario, ATI, 2004.

PADILLA, Leonel Eduardo. *Ética y democracia*. Ensayos de filosofía política. Guatemala: OEA, IRIPAZ Publicaciones, 1996.

PIZANO, Lariza, *Bogotá y el cambio. Percepciones sobre la ciudad y la ciudadanía*. Bogotá: IEPRI-Universidad Nacional de Colombia, CESO-Universidad de los Andes, Colección Maestrías, 2003.

Políticas culturales distritales 2004-2016, Serie políticas culturales. Bogotá: Alcaldía Mayor, Bogotá Sin Indiferencia, marzo de 2004.

SAHUÍ, Alejandro. *Razón y espacio público. Arendt, Habermas y Rawls*. En Filosofía y cultura contemporánea, México: Ediciones Coyoacán, 2002.

CD ROM

Bogotá para vivir 2001-2003. Informe de cumplimiento de compromisos del Plan de Desarrollo.

Información para la formulación del *Plan de Emergencia Social para Bogotá, D.C.* 2003.

Reunión alcaldes locales –Veeduría Distrital, 4 de junio de 2004, *Pactos por la Transparencia.*

Plan de Desarrollo Económico, Social y de Obras Públicas. Bogotá 2004-2008. Bogotá Sin Indiferencia, Alcaldía Mayor de Bogotá, D.C.

INTERNET

http://www.banrep.gov.co/blaavirtual/boleti5/bol21/monopo.htm. Consultada el 28 de agosto de 2004.

http://macareo.pucp.edu.pe/~evillan/esppublic.html. Consultada el 20 de octubre de 2004.

http:/www.google.com.cosearch?hl=es&lr=&oi=defmore&q=define:Volatilidad. Consultada en 24 de mayo de 2005. *Hacia la seguridad económica en la era de la globalización*. En La inseguridad económica en América Latina y el Caribe: Hechos estilizados.

www.eclac.cl. Consultada el 2 de febrero de 2005.

http://www.monografias.com/trabajos7/amla/amla.shtml. Consultada el 10 de junio de 2005.

REVISTAS

Revista SEMANA, noviembre 15 de 2004.

PERIÓDICOS

UN Periódico, Publicación de la Universidad Nacional de Colombia, domingo 10 de abril de 2005.

Periódico El Tiempo, fechas: septiembre 9 de 2004, enero 28 de 2005, febrero 1 de 2005, febrero 10 de 2005, junio 12 de 2005.

CARTILLAS

Cuadernillos de Trabajo, CREA. Bogotá Sin Indiferencia, Alcaldía Mayor de Bogotá, Instituto de Desarrollo Urbano.

Primer Seminario: Encuentro de Contratistas e Interventorías. Alcaldía Mayor de Bogotá, Bogotá Sin Indiferencia, mayo de 2004.

¡Para que vivamos mejor! ¡Sólo faltas tú!. Alcaldía Mayor de Bogotá. D.C. Antanas Mockus.

MONOGRAFÍAS

COLLAZOS, María Lourdes. *El espacio público, un lugar para la cooperación, el aprendizaje y el conflicto*. Tesis para obtener el grado de Politóloga, Universidad de los Andes, Director: Gabriel Murillo. Bogotá, enero de 2005.

CONFERENCIAS

University of Texas at Austin, College of Liberal Arts, Mexican Center of LLILAS, Andrew W. Mellon Doctoral Fellowship Program in Latin American Sociology. *The End of Public Space in Latin American City?* Marzo 4 y 5 de 2004.

Taller *La Redefinición del Espacio Público en Colombia*, realizado en la Universidad de los Andes por el Departamento de Ciencia Política, el Woodrow Wilson International Center for Scholars, la Fundación Interamericana, IAF, y la Fundación Terpel. Sala Hermes, Universidad de los Andes, 13 de mayo de 2005.

CAPÍTULO II

POLÍTICAS DE REDEFINICIÓN DEL ESPACIO PÚBLICO:
CONSTRUCCIÓN DEL SENTIDO DE LO PÚBLICO
E INNOVACIÓN URBANA

Antanas Mockus*

Las recientes políticas sobre espacio público en Bogotá se han plasmado, jurídicamente, en el Plan de Ordenamiento Territorial (y sus sucesivas reglamentaciones) y en el Código de Policía de Bogotá. Sin embargo, bien podrían haberse quedado sobre el papel. En esta exposición, se presentan algunos de los elementos que ayudaron a que esas políticas se incubaran, formularan y aplicaran, materializándose en la vida de la ciudad. Más que una transformación jurídica y urbanística (que la ha habido y es sustantiva), Bogotá ha sufrido una transformación cultural. La construcción de ciudadanía se ha conectado, profundamente, con una renovación de la ciudad.

El espacio público puede entenderse en dos sentidos: físico y no físico. En ambos, es un lugar privilegiado para construir cultura ciudadana, es decir, para que las personas aprendamos a autorregularnos y a regularnos mutuamente, a respetarnos unos a otros como personas y como *derechohabientes*, y a modificar (cuando venga al caso) las normas jurídicas que desarrollan nuestro carácter de ciudadanos (de acuerdo con H. Arendt, "ciudadanía es el derecho a tener derechos"). A continuación, se pretende señalar la manera en que la administración de Bogotá planeó y gestionó algunas transformaciones, que ilustran y desarrollan esa idea.

A partir de 1995, el gobierno de la ciudad introdujo de manera explícita la idea de que el espacio público es el lugar privilegiado del mutuo respeto y del comportamiento adecuado entre desconocidos. Parecía que allí era donde más podía progresarse en convivencia. Mal que bien, la familia, el trabajo y la

---

*   Ex alcalde de Bogotá, 1995-1997 y 2001-2003. British Academy Visiting Professor, Nuffield, Oxford. Profesor Asociado, Universidad Nacional de Colombia.

educación generan en su interior relaciones regladas. En cambio, la calle, el transporte público y los lugares de libre acceso al público aparecían en ese momento en Bogotá como menos reglados, como más abiertos a comportamientos agresivos y depredadores. En dichos lugares de encuentro entre desconocidos, estos, en ausencia de control policivo, podían actuar de manera depredadora protegidos por el anonimato y por la baja probabilidad de un nuevo encuentro. La propuesta de cultura ciudadana se centró, por lo tanto, en transformar el comportamiento público y en reconocer y fortalecer la existencia de normas sociales entre desconocidos. También, consideró explícitamente, como parte de sus objetivos, el mejorar la interacción entre ciudadanos y servidores públicos, especialmente en materia de eficiencia, buen trato e igualdad[1].

Al mismo tiempo, varias iniciativas de gobierno le ayudaron a la ciudad a desarrollar su "espacio público" en un sentido aún más amplio. Se fortaleció la esfera pública como espacio virtual de argumentación, donde cada vez más la información relevante para los ciudadanos se hizo pública y en la cual se construyó ciudadanía de varias maneras: procesos de planeación participativa, rendición de cuentas, procesos de acción colectiva y aumento en el cumplimiento voluntario de normas. Aunque este "espacio público" no es físico, no deja de ser tangible, e incluso tiene aspectos y consecuencias que expresamente la ciudad ha ido aprendiendo a medir.

Una de las lecciones que deja Bogotá en su evolución de la última década es que *fortalecer lo público favorece la innovación*. A partir de la Constitución de 1991, Bogotá fortaleció lo público y, de manera concomitante, se dieron valiosas innovaciones. En realidad, los dos procesos se retroalimentaron: a mayor innovación hubo más fortalecimiento de lo público, y a mayor fortalecimiento de lo público hubo mayor innovación. El desarrollo de lo público induce un juego más amplio de intereses e incluso la posibilidad de miradas desinteresadas, crea más campo para que las razones (y algunas emociones) dominen, relativicen o encausen adecuadamente los intereses. Inversamente, la innovación ayuda a hacer visible lo normalmente invisible, invita al debate, invita a juzgar y demuestra la fuerza del intercambio de las razones y, con ello, ayuda a ampliar la esfera pública.

---

1   Cuando se centra en favores y no en derechos y deberes (por ejemplo, mediante la asignación discrecional de recursos públicos o mediante el ejercicio discrecional de funciones públicas), esa interacción destruye ciudadanía, tanto en los favorecidos como en los no favorecidos. Además, a mayor ineficiencia, mayor irritación ciudadana, y se amplían el campo para la discrecionalidad y el riesgo de arbitrariedad.

Las innovaciones urbanas de Bogotá durante la última década nacieron de un exitoso proceso de reconstrucción de lo público en sentido amplio y, a su vez, ayudaron a consolidar esa reconstrucción de lo público. Aquí se tratarán siete puntos: (1) la invitación a respetar el espacio público; (2) una reconstrucción de la idea de lo público; (3) la armonización de ley, moral y cultura; (4) hacer visible el control social para fortalecerlo; (5) la vida es sagrada; (6) acciones colectivas; (7) políticas de desarrollo y construcción urbana del espacio público, en el marco del Plan de Ordenamiento Territorial; y (8) algunas limitaciones y aprendizajes.

1. RESPETAR LO PÚBLICO

Dos momentos, algo anecdóticos, permiten visualizar el avance de Bogotá en materia de espacio público. Durante la campaña electoral de 1994, en el debate propuse la consigna "espacio público, espacio sagrado" (la cual fue acogida por mi principal rival). Era una forma condensada de afirmar que lo público es valioso. Un día de 2003, la persona responsable de Cultura Ciudadana señaló (con algo de sorpresa) que esa mañana, al salir de su apartamento y pisar el espacio público, había sentido temor reverencial. Lo que pasó en el intermedio, entre 1994 y 2003, es lo que hoy en día vale la pena comprender. Eso podría resumirse diciendo que se fue configurando una política pública de espacio público, en el marco de una recuperación de lo público[2].

Una pregunta que surge hoy en día es si el giro que la actual administración le ha dado al tema del espacio público corresponde a una fase superior de la misma política pública, o es más bien un giro radical que expresa la diversidad de políticas públicas que pueden y, tal vez, deben existir en una sociedad democrática. Sin embargo, en una primera aproximación podría afirmarse que los gobiernos Mockus I (que incluye nueve meses de gestión del mismo equipo como Alcalde Mayor, con Paul Bromberg a la cabeza), Peñalosa, Mockus II y Garzón representan variantes, todas valiosas, de una intención de ciudad incluyente; son cuatro versiones de una ética de la inclusión.

---

2   La *visión* incluida en el texto del Plan de Desarrollo 2001-2004, *Bogotá para vivir todos del mismo lado,* fue: "Somos una ciudad construida colectivamente, incluyente y justa, amable con los niños, donde aprendimos a vivir en paz con nuestra conciencia y con la ley. Somos económicamente dinámicos y competitivos en producción de conocimientos y servicios. Para nosotros lo público es sagrado". Los *valores* que orientan ese mismo plan, aparecen también allí: "1. Respeto por las personas, la ley y lo público; 2. Vocación de servicio; 3. Pasión por el logro dentro de la consistencia; 4. Honradez y transparencia; 5. Firmeza en la búsqueda de la armonía entre ley, moral y cultura; 6. Equidad; 7. Solidaridad".

En general, Bogotá ha ido aprendiendo a *construir sobre lo construido*, a romper con la idea de que lo que nace con un gobernante no tiene por qué seguir siendo promovido por el siguiente. En tres de sus objetivos, el plan de gobierno de 1994 impulsó explícitamente la defensa del patrimonio común: la cultura ciudadana, el espacio público y el medio ambiente. Al mismo tiempo, proponía otros tres objetivos: equidad, productividad y legitimidad institucional[3].

En el ámbito de la práctica de gobierno, muy tempranamente, durante la primera administración Mockus, se fueron produciendo cambios en la gestión pública; por ejemplo, con el cumplimiento de decisiones judiciales como las de la carrera 24 (barrio Siete de Agosto). Esta avenida se había vuelto intransitable y era evidente su deterioro urbano. Con la colaboración de la Policía, la Secretaria de Gobierno, Alicia Eugenia Silva, y Paul Bromberg, director del programa Cultura Ciudadana del momento, se levantaron 200 casetas de venta de mercancías. El mecanismo policial incluyó la movilización de 2000 policías, resultando un operativo que parecía agresivo por el número, pero donde se procedió con extremo respeto de la integridad física de los afectados por la medida. Adicionalmente, para responder al problema social, el sector privado ofreció 100 puestos de trabajo con salario mínimo, de los cuales ninguno fue tomado. Sin embargo, fue importante tenerlos a disposición. Además, es relevante anotar que, rápidamente, se comprendió que son muchos los actores involucrados en el comercio en el espacio público, y generalmente el vendedor ambulante es apenas el último eslabón de una cadena casi siempre invisible.

En la actualidad, el alcalde Luis Eduardo Garzón ve en el espacio público, además, una oportunidad para mitigar problemas de desempleo a través de su explotación económica. Hay que reconocer que, aunque irrite un poco, en ese espacio que se considera "sagrado" y que tal vez se preferiría intocable, confluyen inevitablemente diferentes actores, diferentes intereses, diferentes percepciones de oportunidad. En talleres con los propietarios de negocios de la carrera 24, Paul Bromberg trabajó explícitamente sobre la tensión obvia entre

---

3 "Me comprometo a defender el patrimonio colectivo, actuando prioritariamente sobre la cultura ciudadana, el espacio público y la calidad ambiental" es la primera frase del breve Programa de Gobierno para la Alcaldía Mayor de Santa Fe de Bogotá 1995-7, inscrito para las elecciones de octubre de 1994.

el ciudadano que usa la ciudad, que quiere calidad de vida, y el ciudadano-productor (sujeto económico) que quiere aprovechar bienes colectivos para mejorar sus ingresos, y que si no reflexiona o si no es frenado social o legalmente, es capaz de deteriorar esos bienes colectivos con sus decisiones. Al principio, los comerciantes de la 24 querían usar los andenes liberados como parqueaderos. En esos talleres, Paul Bromberg fue absolutamente didáctico en mostrar que los comerciantes deberían renunciar a su pretensión o aceptar que la modificación propuesta para la 24 debía extenderse a las otras avenidas de igual especificación técnica y legal. Con ellos, pudo anticiparse la congestión vehicular que causaría la construcción de las bahías.

También, se descubrió que algunas de las cercas instaladas para proteger los humedales eran retiradas o trasladadas por la gente durante la noche. Bajo la presión de un acuerdo del Concejo de la ciudad, que en 1994 había ordenado proteger los humedales para restituir zonas ocupadas, en varios casos, se abrieron enormes canales con grúas. El aprendizaje mostró que las ciclorrutas eran óptimas para establecer bordes y barreras. A la par, se fueron desarrollando los proyectos de la avenida Jiménez y la carrera 15, caracterizados por el hecho de que, finalmente, los agentes económicos locales entendieron que el beneficio de tener andenes anchos no consistía en utilizarlos como bahías de parqueo.

De esta forma, fue posible limitar los oportunismos sobre el espacio público, bien por la vía policiva o por la vía pedagógica. Fue uno de muchos casos en que, pedagógicamente, la gente pudo enfrentar la tentación del *free-rider* (el "gorrón") que busca optimizar su bienestar privado, gozando del bien colectivo ("me conviene que los demás respeten el espacio público") y, al mismo tiempo, autorizándose a sí mismo para ser excepción ("me conviene no respetarlo"). Las ciencias sociales han mostrado que éste es el problema básico, recurrente, cuando se trata de la provisión de bienes colectivos y cuando se necesita la cooperación de muchísimos ciudadanos.

2. Lo Público

Para referirse al espacio público como lugar de encuentro entre desconocidos, es necesario comenzar aclarando qué es lo público. Lo público es lo del pueblo, lo que no es secreto, lo que todo el mundo tiene derecho a comunicar y a conocer, pero, a su vez, es aquello sobre lo cual todos opinan, ya que cualquiera accede a lo público y allí, al estar todos informados, es inevitable opinar. Por extensión, lo público es lo asequible para todos.

Al compartirse la información, se construye la posibilidad de que las personas ejerzan (idealmente todas) su capacidad de juicio crítico. Es difícil no juzgar siendo un eslabón en la circulación de información. Entonces, se crea una criba crítica con la cual se miran muy diversos hechos, muy diversas opiniones y también muy diversas opciones de acción. Preguntas como cuáles fines perseguir y qué hacer para lograrlos reciben allí múltiples respuestas posibles. Así, en la criba pública se decantan posibles fines deseables colectivos, y en la discusión pública estos se comparan, buscando consensuar cuáles son más prioritarios que otros. De esta manera, aparecen unos objetivos de la sociedad que son muy atractivos y que resisten mejor la crítica que otros: objetivos como la inclusión, la equidad, los derechos de los niños, entre otros.

A partir del siglo XIX e inicios del XX, dichos fines resultan encomendados al Estado para que éste se haga cargo de hacerlos realidad. Con esta delegación al Estado, se produce una estatización de lo público. Luego, en el siglo XX, se descubre –a través del experimento socialista (que involucra a media humanidad) y del experimento del estado de bienestar en los países industrializados– que el Estado no es capaz de gestionar todo lo que el debate público ha calificado como un fin "bueno", un fin que se reconoce como válido y valioso precisamente en esa discusión. Se evidencia que el sector privado y el tercer sector, conformado por las organizaciones de la sociedad civil, también pueden ayudar a construir y cuidar lo público.

En la segunda mitad del siglo XX, gracias a la tecnología, a los medios de comunicación y a Internet, se consolida una especie de opinión pública mundial capaz de comunicar y juzgar en pocas horas eventos de gran magnitud. De esta manera, aparece un nuevo juez informal que no impone sanciones como los tribunales, pero que sanciona informando sobre aquello que precisamente no resiste la crítica colectiva, con fuertes consecuencias para gobiernos, empresas y organizaciones.

Sin embargo, tanto el develamiento de las limitaciones del Estado como la conformación de una opinión pública autónoma no pueden ocultar el grado en el cual el desarrollo del bien común sigue dependiendo de la buena gestión estatal. La buena gestión estatal se expresó en Bogotá, principalmente, (1) como manejo riguroso de los dineros públicos, (2) como capacidad del Estado para hacer cumplir la voluntad democrática expresada en la ley y, más en general, (3) como adecuada atención al ciudadano desarrollando la idea de "servidor público", plasmada en la Constitución del 91.

El ciudadano no sólo opina, tiene derechos que debe poder hacer valer. Por ello mismo, tiene deberes. Pero, ¿cómo se relacionan entre sí derechos y deberes? Sólo los principales deberes pueden reglarse jurídicamente. La mayoría de los deberes dependen, para su cumplimento, de la buena voluntad, del autocontrol moral y de un conjunto de usos y costumbres reforzados por la mutua regulación cultural. Bogotá ha mostrado que la ley se cumple más y más fácilmente cuando, con la obligación legal, concurren el juicio moral individual y la regulación social y cultural. La construcción y cierta *sacralización* de lo público se comprenden mejor como parte de la armonización de ley, moral y cultura (ver numeral 3).

Tal vez, donde mejor se aprecia la calidad que ha alcanzado la construcción de lo público y el respeto por lo público en una sociedad es en el buen manejo de los recursos públicos[4]. El respeto por los recursos públicos ganaría mucho si cada vez que se usan, los servidores públicos y los ciudadanos tuvieran presente que el dinero de los proyectos es del Estado, que podría darles otros usos moralmente valiosos. Además, todos o buena parte de esos recursos provienen de las contribuciones de los ciudadanos, por lo cual ellos tienen el derecho a vigilar, y quienes ejecutan esos recursos tienen (tenemos) la obligación de invertirlos de la manera más eficiente posible. Por ello, durante mi alcaldía se hicieron procesos de planeación local y, como el lema de campaña fue "todos ponen, todos toman", se imprimió una moneda que decía *"recursos públicos, recursos sagrados"*.

3. ARMONIZACIÓN DE LEY, MORAL Y CULTURA

Ahora bien, uno de los temas de mayor interés en la construcción de la esfera pública es la regulación de las relaciones entre desconocidos (*ver Tabla 1*). Es entendible que en la familia y en el trabajo haya códigos de conducta e interacción institucionalizados, pues en ello consiste, en parte, la educación. Lo increíble es el fenómeno de que dos seres desconocidos interactúen respetuosamente uno con otro. Por lo tanto, la regulación de las relaciones entre desconocidos es el problema de la ciudad, y la construcción de la deliberación pública es un soporte clave para el universalismo que está implicado en este tipo de relaciones.

---

4   La consigna "recursos públicos, recursos sagrados" fue acuñada (en sentido literal, sobre monedas de plástico usadas para votar preferencias) para ilustrar formas concretas de planeación participativa con las comunidades, y presidió todo el proceso de planeación local ordenado por el Decreto 425 de 1995 de la Alcaldía.

Tabla 1: Sistemas regulatorios

Admiración por la ley u obligación moral de obedecer la ley	Autogratificación de la conciencia u obligación moral de atender criterios morales personales	Reconocimiento social u obligación moral de respetar las normas sociales
Temor a la sanción legal	Temor a la culpa	Temor al rechazo social

Por ejemplo, en cuanto a la manera de defenderse, la suspensión de salvoconductos para portar armas implica ciudadanos desarmados, disminuyendo el riesgo de agresiones violentas entre desconocidos. Sin embargo, aunque la mayoría de los colombianos piensa que cuando el Estado utiliza la fuerza sólo lo hace constitucionalmente, algunos piensan que no importa asesinar a los delincuentes, y se olvidan de que ellos también tienen derecho al debido proceso. Estanislao Zuleta, filósofo autodidacta colombiano, escribió un comentario a *Crimen y castigo* de Dostoievski: "si ustedes no quieren aguantar una sociedad llena de cárceles atiborradas de presos, deben soportar grandes sentimientos de culpa". Es decir, si no hay autorregulación moral, la regulación externa estatal se dispara. Como el dilema es culpa o cárcel, resultó positivo descubrir la censura social a través de la palabra y del cuerpo. Pero además existe el reconocimiento social, lo que Fukuyama y Luhmann llaman "jaula de oro". Si la sociedad comienza a considerar al peor criminal como buen ciudadano, no le queda más remedio a éste que volverse buen ciudadano. El peso de las expectativas no sólo lleva culpa, sino también momentos de enorme placer. Guggenheim y Elster dicen que abogar por el placer moral es inmoral, y que la voz de la conciencia es austera y se centra en el deber. Por lo tanto, puede obedecerse a la conciencia por las buenas (deber o placer), o por temor al aguijón de la culpa.

Otro mecanismo importante que el cuadro hace visible es la admiración por la ley, pues es redactada por muchas manos que han sido elegidas, así como por los procedimientos que deben aplicarse (como el debido proceso). Sólo si se le vence como interlocutor válido al peor criminal, éste puede ser condenado; por eso, es importante darle al otro la oportunidad de argumentar y defenderse. De otro lado, muchos sienten la obligación moral de seguir la ley, aun sin estar de acuerdo con ella. Precisamente, esto es la cultura democrática: reconocer las tensiones entre la evaluación moral y la ley, entre los intereses personales y la ley. En este sentido, no se trata sólo de cumplir la ley, sino también de buscar los mecanismos para reformarla (organizarse, hacerse elegir, proponer reformas, etc.).

Entre los asistentes al taller que respondieron a la pregunta *"a cuál de las seis casillas obedece"* (*ver Tabla 1*), 4 dijeron que a la admiración por la ley, mientras que ninguno por temor a ella; 16 afirmaron que a la autogratificación de conciencia; 3 aseguraron que al temor a la culpa; 2 al reconocimiento social y ninguno al temor al rechazo social. Por el contrario, a la pregunta *"a qué obedecen los demás"*, 18 respondieron que al temor a la sanción legal; 7 favorecieron el rechazo social; 3 el deber frente a los principios morales; 2 el temor a la culpa, y ninguno se inclinó por el sentido moral personal ni el reconocimiento social. Analizando por renglones, 20 de los asistentes creen que las personas entienden por buenas maneras, mientras que 17 piensan que por malas. Estos resultados coinciden con los de muchos otros contextos. Aunque en los diferentes ambientes en los que se han formulado las preguntas se obtiene el mismo resultado, la coincidencia es más fuerte en Colombia y en América Latina, pues hay más impunidad. Es en situaciones en donde la ley es débil que la aplicación del enfoque de cultura ciudadana es vital, pues en esos casos la sociedad no sobreviviría sin la regulación social por buenas y malas maneras, y la autorregulación moral. La meta es armonizar las tres regulaciones. La construcción de lo público puede verse, en parte, como resultado o camino para que las tres regulaciones coincidan. El argumento sobre la necesidad de armonizar convivencia y productividad proviene de la distinción que propone Douglass North entre reglas formales (primera columna de los sistemas regulatorios) y las reglas informales (segunda y tercera columnas) (*ver Tabla 2*).

Tabla 2: Reglas formales e informales

Reglas formales	Reglas informales	Acuerdos
(normas legales)	(normas morales y normas sociales)	

Según la tesis de North, es más fácil producir y hacer cumplir los acuerdos en una sociedad donde las reglas formales e informales están alineadas que en una sociedad donde están divorciadas ley, moral y cultura, pues eso es algo que dificulta la convivencia y frena la productividad. Si se armonizan, se producirá aumento de la productividad, incluyendo mejoras económicas. La ética es importante, no hay esquema estatal que pueda suplir una sociedad que pierde sus controles internos, ya que sólo sería un Estado que puede asustar, y esa no es la idea. Pero la armonía también debe ir de acuerdo con la diversidad moral y cultural que se presenta en las sociedades democráticas. Las reglas legales son homogéneas.

La idea de cultura ciudadana es la de un común denominador en las regulaciones sociales: las personas pueden ser distintas en muchos aspectos (religión, preferencias sexuales, etc.), pero en otros temas resulta clave compartir unas mismas normas. Así como sacar la basura a tiempo se convierte en un hábito personal reforzado socialmente, el respeto a la vida humana requiere la conjugación de la obediencia a normas jurídicas, a normas morales y a normas sociales. Los tres tipos de regulación no sólo se refuerzan operativamente, sino que una norma social o una norma jurídica puede originarse la una en la otra, y ambas pueden ser objeto de comprensión moral.

Un logro significativo de la ciudad fue haber expedido un Código de Policía ampliamente concertado con beneficiarios y afectados, el cual refleja en su estructura misma la complementariedad de derechos y deberes, y diferencia aquellos deberes que corresponden a obligaciones morales y culturales ("deberes generales") de aquellos deberes cuyo incumplimiento puede ser objeto de sanción legal ("comportamientos favorables"). Este Código de Policía, subtitulado *Normas de convivencia ciudadana*, trata muy detalladamente las normas sobre espacio público e introduce en sus procedimentos los ajustes requeridos por fallos recientes de la Corte Constitucional sobre el tema.

4. HACER VISIBLE EL CONTROL SOCIAL PARA FORTALECERLO

En Bogotá, la mutua regulación y la posibilidad de aumentarla se hizo visible, utilizando el arte.

Figura 1: Tarjetas Bogotá Coqueta

Las 350.000 tarjetas ciudadanas distribuidas (*ver Figura 1*) lograron que los ciudadanos se involucraran en la mutua regulación. Se reconocieron corresponsables, pues los ciudadanos, al enfrentar trasgresiones, intentaron corregirlas pacíficamente. Otros ejemplos son los monjes del silencio (*ver Figura 2*) que indicaron cómo, en lugares ruidosos, el fin del ruido estaba cerca, y también la cebra (*ver Figura 2*), en la cual se materializa el encuentro de clases sociales, pues el que va en carro debe respetar al peatón. Esta última fue una idea que se desarrolló más en el gobierno del alcalde Peñalosa.

Figura 2: Monjes del silencio y cebra

El gobierno local creó una agenda pedagógica que, al principio, funcionó con mimos y tarjetas y, gradualmente, se fueron construyendo indicadores para medir los avances. La noción de cultura ciudadana usada en el Plan de Desarrollo 1995-1998 incluía actitudes, hábitos y acciones. En contra de lo que muchos piensan, cultura ciudadana no alude tanto a valores, sino a autorregulación moral y sobre todo a mutua regulación social. Cuando un hábito colectivo está bien arraigado, su respeto es implícito y muchas veces se transmite sin siquiera llamar la atención. Se vuelve automatismo, hábito individual y psicológico, también. A su vez, un hábito psicológico es un hábito social cuando resulta compartido y cuando su violación desencadena desaprobación social. Construir hábitos sociales que faciliten el desarrollo de la ciudadanía ha sido el propósito central de las acciones de cultura ciudadana.

A través de la incorporación en la vida cotidiana de unas reglas mínimas compartidas, se busca lograr sentido de pertenencia a la ciudad, facilitar la convivencia urbana y promover el respeto por el patrimonio común, así como el respeto por los derechos y los deberes. La Constitución de 1991 está muy centrada en la idea de los derechos, y en Bogotá se lograron posicionar los deberes y su relación con los derechos. De esta manera, se buscó formar un ciudadano integral, que tuviera derechos pero que ejerciera sus deberes. Esta posibilidad de corresponsabilidad por el buen comportamiento propio y ajeno se vio ilustrada a través del uso de las tarjetas ciudadanas. Los ciudadanos (básicamente los conductores) mostraban el lado rojo con el pulgar hacia abajo para censurar, y el lado blanco con el pulgar hacia arriba para felicitar. Los mimos enseñaron a cruzar por la cebra. Asimismo, la invitación pedagógica, un buen comercial de televisión, unas semanas de comparendos pedagógicos (amonestaciones sin multa), y algo de multas fueron claves para que los bogotanos aprendiéramos a usar el cinturón de seguridad (1995-7).

En la segunda gestión, por recomendación del Concejo de Bogotá, se hicieron mediciones más sistemáticas *ex ante* y *post*. En la encuesta de 2003, se logró medir el control social en relación con 10 trasgresiones (*ver Tabla 3*, la cual recoge seis de ellas). Sigue siendo preocupante el alto porcentaje de personas (de 71 a 86%) que se quedan sin hacer nada ante las trasgresiones. Afortunadamente, entre un 14 y un 29% sí actúan y entre quienes actúan son pocos los que recurren a la agresión verbal o física, como medida de control. La corrección cordial es la reacción preferida por los que sí actúan. En casi todas las infracciones es un poco más común (casi 2/3 de los casos) que el trasgresor tome a mal la corrección cordial del ciudadano[5].

La recomendación a futuro que se deriva de los anteriores avances es equilibrar las dos caras de la moneda: "Tomarla bien cuando uno es corregido por seres humanos desconocidos" y, al mismo tiempo, "Saber y atreverse a corregir amablemente a desconocidos". Sin embargo, lo clave del análisis es que si se comparan las dos últimas columnas sumadas con la columna "Acudió a autoridad", se ve dramáticamente cuánto más frecuente es el control social que el control policivo.

Tabla 3: Medición del control social

	Sí	No hizo nada*	Acudió a autoridad	Agredió verbalmente	Agredió físicamente	Corrigió cordialmente y el trasgresor lo tomó mal	Corrigió cordialmente y el trasgresor lo tomó bien
Vio a un vecino dejar los excrementos de su perro en espacio público	48%	71%	1%	3%	0%	17%	8%
Vio a su vecino dejar basura fuera de horario	39%	72%	1%	1%	2%	14%	11%
Vio peatones obstaculizar a ciclistas en ciclorrutas	39%	81%	0%	5%	1%	5%	8%
Montó en bus... que iba rápido	37%	75%	0%	5%	0%	13%	6%
Montó en bus... que echó gasolina con pasajeros	13%	86%	0%	2%	0%	7%	5%
Montó en carro manejado por alguien embriagado	7%	81%	0%	4%	0%	8%	7%
Promedio diez transgresiones	36%	83%	0%	3%	0%	8%	5%

---

5 Al tratarse de nueva infraestructura (como las ciclorrutas), la proporción de la gente que acepta ser corregida es mayor, pero al menos en este caso hay más timidez para corregir.

Las encuestas de Cultura Ciudadana incorporaron algunos *items*, provenientes de un estudio sobre jóvenes que habían servido para diferenciarlos en relación con la convivencia ciudadana[6]. Así, en *items* que habían resultado centrales para la caracterización de dificultades de convivencia en los jóvenes[7] se pudo observar una reducción entre los años 2001 y 2003 (*ver Gráfico 1*). El porcentaje de ciudadanos para los cuales se justificaba desobedecer la ley, siendo la única manera de lograr los objetivos, bajó del 34% al 17%; el de ciudadanos para los cuales se justificaba desobedecer la ley cuando hacerlo trae gran provecho económico, se redujo del 12% al 7%; del 9% al 7% disminuyó el porcentaje de los ciudadanos para los cuales se justificaba desobedecer la ley cuando era lo acostumbrado; y hubo una maravillosa reducción en el porcentaje de ciudadanos que estaban a favor del porte de armas para proteger la vida: de un 25% a un 11%.

Gráfico 1: Avances de cultura ciudadana (anti-atajo) en Bogotá (adultos)

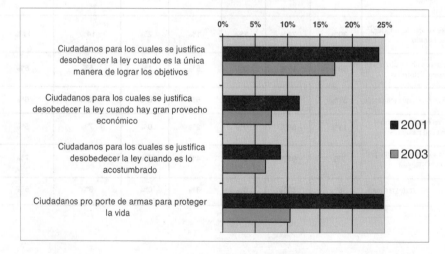

Todo lo anterior muestra cómo el control social puede tornarse en algo visible, intencionalmente transformable, y también medible, lo cual hace que las acciones para lograrlo se vuelvan evaluables. En una palabra, la regulación social puede ser objeto de pedagogía.

5. LA VIDA ES SAGRADA

Frente a los graves problemas que ha venido superando, Bogotá tiene muchos motivos para sentir justificado orgullo. Tal vez, el mayor motivo de orgullo debería ser la reducción de homicidios. Medida por homicidios, Bogotá volvió a ser sistemáticamente más pacífica que el resto del país (*ver Gráfico 2*), el cual sigue con elevados índices de violencia comparado con el resto de América Latina y del mundo (OMS, dato del 2002). Bogotá logró contener estas manifestaciones y colocarse muy cerca de la tasa promedio latinoamericana y algo por encima de la tasa mundial, de manera que aún queda mucho por hacer. La situación de Bogotá hoy es mejor, continúa sensiblemente por encima de las cifras que tuvimos a comienzos de los años sesenta.

Gráfico 2: Tasa de homicidio por 100 000 habitantes

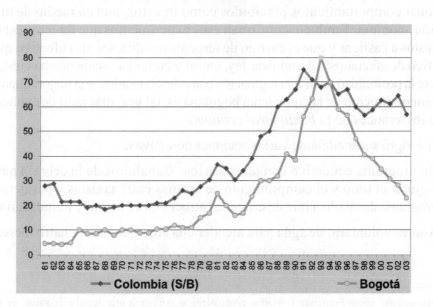

A este resultado contribuyeron muchas acciones. No sólo fueron los mimos, reemplazando o complementando policías, sino que también se fortaleció la institución policial con dotación y educación (entre otras acciones, 3600 policías asistieron durante un mes a instituciones como la Universidad del Rosario, en calidad de "ciudadanos formadores de ciudadanos") y se impulsaron mecanismos de mediación y conciliación, comenzando por las comisarías de familia y la casa de justicia de Ciudad Bolívar. Hoy en día son cerca de 8000 los líderes comunitarios capacitados en métodos alternativos de resolución de conflictos, y la ciudad ha elegido a más de 100 jueces de paz. Lo logrado obedece a un mejoramiento simultáneo de la fuerza y de la armonía de las regulaciones legal, moral y cultural (regulación formal e informal).

6. ACCIONES COLECTIVAS

Hacia 1994, algunos científicos sociales dudaban mucho de la posibilidad de una regulación social del comportamiento entre desconocidos (y de la posibilidad de modificar pedagógicamente esa regulación). El control social existiría, sobre todo, en la interacción entre conocidos cara a cara. El resultado de algunos de los experimentos llevados a cabo en Bogotá en los últimos diez años y a los que se ha hecho referencia más atrás son una ratificación de que entre desconocidos existen normas y de que la gente es capaz de incurrir en pérdidas con tal de sancionar comportamientos percibidos como injustos, aun en medio de una relación anónima. También, confirman esos experimentos que terceros están dispuestos a castigar y que el castigo de terceros tiende a ser más efectivo que el castigo de afectados[8]. Armonizar ley, moral y cultura a escala de una ciudad requiere la posibilidad de mutua regulación entre desconocidos, y el mejoramiento del comportamiento de la ciudadanía bogotana es, tal vez, más fácil de explicar desde los avances de la *behavioral economics*.

Bogotá logró sacar adelante varias acciones colectivas:

- Un programa educativo con taxistas (los "Caballeros de la cebra") para mejorar el trato y el cumplimiento de normas entre taxistas y pasajeros, programa desatado a raíz de crímenes atroces entre taxistas y ciudadanos.

- Ahorro voluntario de agua para atender una emergencia de cuatro meses.

---

8   Investigadores como Francisco Gutiérrez propusieron o acogieron otra lectura de varias de las acciones de Cultura Ciudadana.

- Un programa de desarme voluntario, organizado en alianza con la Iglesia católica.

Para el primer caso, se identificaron taxistas ejemplares (que dieran el cambio completo, que llevaran al pasajero al destino solicitado y que lo saludaran cuando se subía al taxi) y se creó la orden de la caballería de la cebra. Se reunieron 150 taxistas con una estampilla que los identificaba, y se les entregaron otras para que detectaran y señalaran otros caballeros más. El cumplimiento de normas tiene un comportamiento similar al de las acciones colectivas: se necesita un grupo de primeros jugadores o *first-movers* incondicionales para los cuales posiblemente los costos son mayores que los beneficios (ver tramo OAB en el *Gráfico 3*). Pasado cierto umbral, los cooperadores condicionales entran en juego, porque a partir de ahí los beneficios son superiores a los costos.

Cada uno de los primeros 150 taxistas identificó 10 colegas que, a su juicio, tenían cualidades similares y los 1500 empezaron a usar la calcomanía "Soy un caballero de la cebra". Con ellos, se planeó la capacitación para los demás. Al final de 1997, eran más de 25.000. Durante la Navidad de 1996, a raíz de un ligero descenso en los resultados de las encuestas entre ciudadanos sobre el cumplimiento de las tres normas, se utilizó un incentivo económico: la prima de Navidad fue suspendida por algunos días. A la semana, la evaluación se repitió y los taxistas habían mejorado.

Gráfico 3: Aumento de la capacidad de acción colectiva

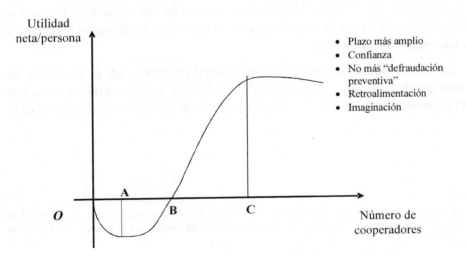

El ahorro de agua en Bogotá se asumió como una emergencia, pero asegurando que no se cortaría el servicio, los ciudadanos aumentaron el consumo puesto que lo acostumbrado era el corte. Lo mismo sucedió con el desarme, debido a que la gente quiere ser la última en desarmarse. Sin embargo, con la ayuda del Arzobispo de Bogotá, Monseñor Rubiano, en un diciembre se alcanzaron a recoger 3000 armas en 20 iglesias, representando tan sólo el 1% de la totalidad. El efecto fue la reducción de los homicidios en un 26%, logrando una vanguardia moral que arrastró, no al desarme total, pero sí al menor uso de las armas. Cabe suponer que los que entregaron incondicionalmente sus armas mandaron un mensaje poderoso a quienes se desarmarían condicionalmente.

Romper guiones políticos, sociales y psicológicos es difícil. Mientras que el alcalde fue elegido anunciando más impuestos, con el Consejo pasaba lo contrario. En la campaña "110% con Bogotá", se puso un renglón más en el formulario para el pago de impuestos y el 3% de las familias pagaron 10% más. Este efecto sobre el recaudo contribuyó a que el Consejo asumiera más a fondo las metas de financiación de la ciudad. En la primera fase, los costos fueron mayores que los beneficios, pero si el número de ciudadanos que colaboran es suficiente, entonces, se logra estabilidad (*ver Gráfico 3*). No en todos los casos se necesita que todos cumplan (el caso de "no matarás" es uno en el que todos deben cumplir). Según Francisco Gutiérrez, esto no sólo significó que la gente aceptara evaluar las acciones y medidas en un plazo más amplio, sino que también se logró construir confianza. Gutiérrez afirma que en Bogotá, hace 15 años, se producía el siguiente mecanismo psicológico: "yo soy correcto pero creo que el otro es tramposo y me va a engañar, así que salto a la acción y lo engaño primero". Es el mismo modelo de juegos que se utiliza para justificar el ataque preventivo. Pero es indudable que en estos años ha aumentado en Bogotá la capacidad de confianza de las personas, y si existieran mediciones de la época podría apreciarse el cambio.

Los medios de comunicación contribuyeron con el proceso de retroalimentación, pues la aventura de cambiar la norma social o cultural se volvía, en sí misma, atractiva[9]. Por ejemplo, con la colaboración y a veces la

---

9   Parte de la aventura consistía en superar el prejuicio: "la mayoría no coopera", "la gente quiere beneficiarse sin aportar". Un obstáculo obvio para la acción colectiva es pensar que los demás son gorrones.

iniciativa del Fondo de Prevención y Seguridad Vial, se utilizaron mecanismos como las estrellas negras (*ver Figura 3*) pintadas en el asfalto para impulsar la reducción de muertes en accidentes de tránsito. La seguridad vial mejoró sustantivamente con estas acciones y con el incremento del uso del cinturón de seguridad, la reducción del horario de consumo de alcohol, la supresión de la policía de tránsito local y su sustitución por la Policía Nacional, y una mejor atención pre-hospitalaria.

Ahora bien, no hay formación de ciudadanos si no se aborda el tema tributario. Un ciudadano que no tribute aún no es ciudadano. El respeto del ciudadano por el desconocido se plasma también en dinero. En 1993, con Jaime Castro, se produce un salto de 200 millones de dólares (dólares de 2001) a un recaudo de más de 450. Parte del incremento era un incremento provisorio en predial, que luego tuvo que retomarse. Los dos períodos de gobierno Mockus fueron contundentes en cuanto a mejoramiento de ingresos corrientes. En 2003, se llegó a 750 millones y el año pasado fueron más de 800, mostrando cómo en trece años se cuadriplicó el esfuerzo tributario de los bogotanos. En 1994, se realizó un ejercicio precursor de Cultura Ciudadana, con la introducción del autoavalúo en vez del avalúo catastral para calcular el valor del impuesto predial. En la fase 1998-2001, plana en términos tributarios, se logró invertir el equivalente a un año completo de ingresos para la ciudad, gracias a la venta, en 1997, de la mitad de las acciones de la Empresa de Energía, la cual permitió en los años siguientes varias descapitalizaciones, en la financiación del desarrollo del espacio público y de la infraestructura de la ciudad.

Figura 3: Estrellas negras

Como ya se anotó, el arte fue de gran utilidad en todo esto. El arte refresca, vuelve familiar lo no familiar, aumenta la conciencia de la arbitrariedad de las construcciones sociales, crea un público y convoca un sentido común, anuncia posibles armonías, crea modelos de identificación (mimesis), y motiva e inspira otras prácticas (cercanas o no)[10]. Responder a una amenaza con un chaleco antibalas con un hueco en forma de corazón, en la zona del corazón, es una manera de retomar la amenaza en otro terreno: no se sabe si es un gesto de cariño con quien amenaza, un gesto de soberbia extrema, o una invitación a que tenga infinita puntería. Además, nadie ha muerto de un chalecazo, es seguridad pasiva versus seguridad activa. Si un mimo es quien trata de persuadir en la regulación del tráfico, el ciudadano lo toma de forma diferente. Después, los mimos fueron reemplazados por guías cívicos. Con el programa *Misión Bogotá*, creado por el alcalde Peñalosa y fortalecido en la segunda gestión Mockus, se redujo el componente estético pero aumentó el componente social, pues fue al mismo tiempo un programa de reinserción: trabajó con personas que habían sido habitantes de la calle, inmersas en la prostitución y la droga, mezcladas con personas con dificultades económicas que eran entrenadas y luego ejercían como guías cívicos (a veces, la mejor manera de aprender a cumplir las normas es dedicarse a educar a otros en la materia).

Otra innovación fue el día sin carro, como ejemplo de una valiosa acción colectiva impulsada por el gobierno local. El alcalde Peñalosa lo impulsó por primera vez y logró darle aprobación democrática y conjugarlo con el nuevo modelo de transporte de la ciudad (*ver Figura 4*), utilizando argumentos ambientales, de salud pública y equidad.

Los 230 km de ciclorrutas han favorecido el ascenso del número de viajes en bicicletas. Para el 2003, han llegado al 4%. A su vez, Transmilenio ahorró el 32% del tiempo de transporte de los usuarios y tuvo un 1% de usuarios discapacitados. Comenzó a recorrerse un camino valioso, en el cual la ciudad ya no se encontraba centrada en el automóvil sino en el peatón. De nuevo, hubo debate público, argumentos ante las reacciones de la gente, explicaciones y proceso de acomodamiento limitado. Para algunos, ésta fue una discusión sobre cómo la gente invierte sus ahorros.

---

10 Éste es un resumen de lo avanzado en Harvard, en colaboración con Doris Sommer, durante mi estadía allí en el *Fall Term* de 2004, como Robert F. Kennedy Visiting Professor.

Por otro lado, "Bogotá cómo vamos" es un fascinante proceso de construcción de control social sobre el gobierno local. Este programa, liderado por el sector privado, le hace seguimiento sistemático a la ciudad sobre indicadores propuestos por los alcaldes mayores. La mayor parte de la información es suministrada por la administración distrital, pero el programa "Bogotá cómo vamos" realiza autónomamente una encuesta anual de percepción ciudadana sobre el impacto de las acciones del gobierno local. Ambas fuentes de información se combinan y se discuten en foros y publicaciones periódicas para facilitar una evaluación externa, que el gobierno distrital necesariamente termina teniendo en cuenta.

7. Políticas estables de desarrollo y construcción urbana del espacio público, en el marco del Plan de Ordenamiento Territorial

La promoción del espacio público exige, inevitablemente, su construcción, adecuación y mantenimiento. El Plan de Ordenamiento Territorial de la ciudad, vigente desde el año 2000, incluye tres importantes sistemas estructurantes: el sistema vial (el cual cobija las vías principales, intermedias y locales, junto con puentes vehiculares), el de transporte (en el cual se incluyen las troncales y rutas alimentadoras para el sistema Transmilenio, las ciclorrutas, parqueaderos y terminales de transporte) y el de espacio público (en el cual se ubican los andenes, plazoletas, alamedas y puentes peatonales). El Plan de Ordenamiento Territorial regula cada sistema de manera independiente, identificando cada uno de sus componentes y fijando metas en cada caso.

Con esta valiosa herramienta, en la segunda administración Mockus, el equipo entendió que los tres sistemas arriba descritos no podían concebirse de manera separada, y que era preciso integrarlos en una clara y definida política de movilidad urbana. Sin embargo, se enfrentó un problema de recursos para lograr su desarrollo integral. En efecto, mientras que tanto el sistema vial como el de transporte cuentan con fuentes de recursos con destinación específica, como por ejemplo la sobretasa a la gasolina, en el caso del espacio público la situación es crítica. Como se mencionó anteriormente, esta circunstancia ha llevado a la necesidad de innovar para buscarle al sistema de espacio público su sostenibilidad financiera; de ahí el debate sobre el cobro por su uso. Además de buscar alternativas de financiación basadas en la explotación económica del espacio público, se decidió crear mecanismos institucionales y de política de contratación y diseño de lo que se denominó el sistema de infraestructura de movilidad urbana, con recursos de los tres sistemas para consolidarlos en uno solo.

Para empezar, se creó un comité sectorial de todas las entidades relacionadas con el espacio público, denominado Comité de Movilidad, que tiene a su cargo la definición de productos concretos y tangibles para lograr el objetivo propuesto. Este esquema aseguró canales de comunicación e interacción entre las diferentes entidades que tienen a su cargo el tema, por sus funciones y objetivos. En las primeras sesiones del Comité, se definieron parámetros de contratación de las obras públicas, que aseguraron un especial protagonismo del espacio público.

El espacio público como instrumento para optimizar los componentes urbanos de la movilidad implicó una decisión de carácter político: cualquier nueva vía debía incluir andenes, simplemente porque el andén es parte integral de la vía. No es posible concebir una intervención de infraestructura urbana para la movilidad que no incorpore el espacio físico y público. Fue así como todas las vías contratadas desde el 2002 incluyeron andenes, como un componente más del sistema.

Basados en el lema de *construir sobre lo construido*, para las troncales de Transmilenio fase II, se incorporaron a los nuevos contratos de obra todos los componentes de espacio público, contando con intervenciones integrales que aseguraran la interacción de los diferentes elementos del sistema de movilidad, en el cual el espacio público presta un doble servicio. Por una parte, presta su servicio para todo lo descrito en comportamiento ciudadano y convivencia pero, a su vez, se convierte en articulador y "conector" de sistemas.

Figura 4: Ciclorruta y Transmilenio

El principal obstáculo para lograr los cambios fue la rigidez de los hábitos y "guiones". Vivimos todos presos de guiones, en escenas que desencadenan secuencias: "si me levantan la voz, yo también la levanto". Otro obstáculo fue la desconfianza, ver malas intenciones donde no las hay. También, lo fueron resistencias creadas por obstáculos cognitivos. Hay realidades contraevidentes o difíciles de explicar. Por ejemplo, chocó con el sentido común que el pico y placa de transporte público permitiría a los transportadores ganar lo mismo trabajando menos horas, o que aprobar más impuestos podría beneficiar más a los pobres que no aprobarlos.

Asimismo, hay quienes creen que el cambio de infraestructura debe ser primero, pero realmente –al menos en el caso de Bogotá– se promovió primero el cambio de comportamiento, aunque sin ignorar el contexto físico. Anecdóticamente esto es lo que expresó la adopción, en 1996-7, de la consigna "Bogotá Coqueta": Bogotá en esa época era o parecía fea, pero todos conocemos gente que aun siendo o pareciendo fea explota radicalmente la posibilidad de ser seductora. Bogotá fue primero coqueta y luego bella, en parte por los recursos extras creados por reformas tributarias y por la exitosa venta de la mitad de la Empresa de Energía, que permitió reducciones de capital que le arrojaron a la ciudad recursos libres por un total de 700 millones de dólares.

En resumen, los logros más destacados de Bogotá en la última década fueron el incremento del respeto a la vida, el respeto a las normas, la autorregulación y la mutua regulación; el mejoramiento del comportamiento fiscal; el énfasis en la planeación conjunta público–privada; un mayor monitoreo social de variables cruciales; el mejoramiento del servicio al ciudadano (evaluando tiempos de atención y también satisfacción); un incipiente salto al arte y no a la violencia, cuando se agota la comunicación y la confrontación; el mejoramiento urbano en infraestructura (transporte masivo y alternativo, espacio público, jardines sociales, bibliotecas, etc.); y los avances en coberturas en salud, educación y servicios públicos. Todo ello se acompañó de un claro posicionamiento en la conciencia pública y en los medios de comunicación de la lucha colectiva, por una mejor vida urbana.

Cada uno de esos logros dependió mucho de la validación pública de la correspondiente alternativa. Con entusiasmo, Bogotá descubrió o redescubrió, en la última década, las virtudes del fortalecimiento de lo público.

CAPÍTULO III
ESPACIO PÚBLICO, IGUALDAD Y CIVILIZACIÓN

Enrique Peñalosa[*]

Una ciudad de calidad es aquella en la que los ciudadanos salen al espacio público y pasan mucho tiempo en él. Allí se encuentran con otras personas, ya sean desconocidos, vecinos o amigos, y se deleitan con la belleza de la arquitectura o disfrutan en los parques. El urbanista Jan Gehl ha dicho que la medida de éxito de la ciudad depende del tiempo que pasamos en el espacio público, no por necesidad, sino de manera opcional, porque nos gusta estar allí. Jan Gehl divide las actividades que la gente lleva a cabo en el espacio público en dos grandes categorías. Las primeras son las actividades indispensables que la gente tiene que hacer, como ir al trabajo, a comprar comida, caminar a tomar el bus, ir a la escuela. Las segundas, más interesantes, son las actividades opcionales que podemos hacer o no: salir a caminar sin otro fin que disfrutar la caminata, sentarnos en la banca de un parque o en la terraza de un café. Para que la gente quiera salir y estar en el espacio público, es necesario que éste tenga buena calidad, que invite a detenerse, sentarse, leer, jugar, conversar, contemplar.

Cuando es atractivo estar afuera, en el espacio público, la gente sale con cualquier pretexto, convierte algunas de sus actividades "indispensables" en fuente de satisfacción y, por ejemplo, en lugar de hacer mercado para un par de semanas, sale con frecuencia a comprar pan, verduras y flores. O simplemente sale sin ninguna razón en particular. Pero a la gente le gustan los pretextos; por ello, es conveniente que haya comercio cerca de la vivienda, que caminando pocos minutos desde donde vive encuentre abasto, panadería, farmacia, café, librería y, ojalá, restaurantes. Gehl, también, señala que a la gente le gusta salir y estar en el espacio público, dependiendo de la calidad de éste. Esto significa que no se trata de patrones culturales que varíen de acuerdo a países o culturas. Cuando hay espacio público bien diseñado y bien construido, donde las personas se sienten bien, ellas lo usan. Y, por supuesto, la gente atrae más gente.

[*] Ex alcalde de Bogotá, 1998 – 2001. Director de la Fundación *Por El País Que Queremos*. Consultor internacional y profesor universitario.

Al hablar de espacio público se hace referencia a la satisfacción de necesidades superiores, que van un poco más allá de la supervivencia. Cuando el desafío ya no es sobrevivir sino VIVIR, vivir bien, vivir felices, encontramos que tenemos necesidades como caminar; jugar, ver verde y tener contacto con la naturaleza, ver gente y estar con gente. El espacio público satisface necesidades como éstas.

Con frecuencia se alude a ciudades "inhumanas" o "agresivas". Cuando una ciudad produce estas sensaciones, generalmente es porque no tiene espacios públicos peatonales suficientes o porque los que tiene no son de una calidad adecuada. Lo que hace a una ciudad amable es, ante todo, su espacio público peatonal. En términos urbanísticos, la calidad de una ciudad es realmente función de la cantidad y la calidad de sus espacios públicos peatonales. El espacio público peatonal es el gran elemento integrador en una ciudad. Si ésta es un lugar de encuentro ciudadano, esto acontece en su espacio público peatonal: los demás son espacios privados o vehiculares. Además, el ser humano responde del modo en que es tratado; si es con agresividad, responde de la misma manera, pero si recibe un trato respetuoso y amable actuará en consecuencia. El espacio público de calidad hace sentir bien al ser humano y su comportamiento allí así lo refleja.

Así como las aves necesitan volar o los peces nadar, el ser humano necesita caminar, y no para sobrevivir sino para ser feliz, para realizar su potencial. Aunque un ave puede sobrevivir encerrada en una pequeña jaula, sospechamos que estaría más feliz en una jaula del tamaño de un auditorio, e inclusive más feliz volando libre. Del mismo modo, nosotros podríamos sobrevivir encerrados toda la vida en un apartamento, pero para ser felices necesitamos caminar. Estamos mejor en aceras de diez metros de ancho que en aceras de tres metros y, mejor aún, en una vía peatonal sin la amenaza de ser atropellados. Entre más anchos sean los andenes y más lento sea el tráfico, mayor será la calidad humana de una vía. Esto es algo que no se puede probar matemáticamente, pero que se siente con el corazón, con el alma.

Tendemos a subestimar lo que no pueda ser medido matemáticamente o probado científicamente. Sin embargo, al reflexionar, es evidente que, generalmente, aquello que le da más sentido a la vida no es racional ni puede medirse: el amor, la amistad, la lealtad, la belleza, la solidaridad. El techo de un auditorio podría estar unos cuantos metros más bajo, sin restar funcionalidad al recinto. Sin embargo, al reducir su altura, así funcionalmente siga sirviendo, algo se pierde, no nos sentimos igualmente bien. Como esos, muchos aspectos de la arquitectura y el urbanismo no pueden ser totalmente demostrados científicamente, puesto que son más cercanos al arte que a la ciencia. No obstante, claramente la buena arquitectura y el buen urbanismo nos permiten vivir mejor, enaltecen lo humano, y construyen comunidad y civilización.

Dicen que los ingleses que llegaron a América del Norte propusieron a los indígenas la compra de su tierra. Estos, perplejos, luego de sobreponerse de la sorpresa, respondieron a los ingleses que si querían también les venderían la luna y el aire. Era incomprensible para ellos que la tierra, entregada por Dios a todos para su común aprovechamiento, pudiera ser apropiada por alguien de manera exclusiva. Sin embargo, la tierra fue apropiada, y se privatizó. En las fotos satelitales nuestro planeta se ve como una especie de nave espacial autosuficiente, infinitamente frágil, flotando en el espacio sin rumbo aparente. Aun así, sentimos que es nuestro hogar común, perteneciente a todos los seres humanos y demás seres de la naturaleza. Desafortunadamente, no es nuestro, tiene dueños. Para los colombianos es muy difícil ir a cualquier otro país; nos exigen trámites complicados para obtener visas, que muchas veces nos son rechazadas. De modo que la gran mayoría del planeta no es accesible a nosotros. Pero, aun dentro de nuestro propio país, sólo una mínima fracción de éste nos es accesible: el espacio público. Exceptuando selvas y mares, que por otras razones son de difícil acceso, la única porción del planeta que realmente es accesible a todos los ciudadanos es el espacio público.

Legalmente, las vías para automotores son espacio público. Sin embargo, cuando aquí hablo de espacio público me refiero, exclusivamente, al espacio público peatonal. Por definición, el espacio público es un espacio abierto y accesible a todos los ciudadanos, sin importar su condición socioeconómica o su edad.

Igualdad y espacio público

Vivimos en la etapa del poscomunismo, en que el mundo adoptó la economía de mercado y la propiedad privada como las mejores maneras para administrar la mayor parte de los recursos de la sociedad. El problema con este sistema es que, inevitablemente, genera desigualdad de ingresos. El fracaso del comunismo no significa, sin embargo, que debamos resignarnos a la desigualdad. La evolución de la sociedad occidental, desde Grecia y Roma, pasando especialmente por el judeocristianismo y luego por las revoluciones y movimientos sociales de los últimos 300 años, es la historia de la búsqueda de mayor igualdad. La pregunta es: ¿A qué igualdad podemos aspirar en nuestro tiempo?

Al menos debemos aspirar a la igualdad en la calidad de vida, sobre todo para los niños, y lograr que todos tengan las mismas posibilidades para desarrollar su potencial humano y ser felices. Esto implica jardines infantiles, escuelas, campos deportivos, parques, clases de música y pintura, y acceso a la naturaleza. Es importante resaltar que la igualdad de posibilidades para la felicidad es muy distinta a la igualdad de oportunidades, como se entiende generalmente, en términos de ofrecer educación de calidad a todos y resignarnos a los resultados de la competencia en el mercado. Primero, realmente no se logra una igualdad de oportunidades; y, principalmente, lo importante es que todos los ciudadanos y particularmente los niños tengan las mismas posibilidades para ser felices, independientemente de que ellos o sus padres hayan sido "triunfadores" o "perdedores" en la competencia del mercado.

La otra igualdad a la que podemos y debemos aspirar consiste en que se cumpla el postulado de que el interés general prevalece sobre el particular. Por ejemplo, si la mayoría de los colombianos no tiene acceso a un automóvil particular pero sí puede caminar o movilizarse en bicicleta, hay que darle más importancia en el diseño urbano a las aceras, alamedas y ciclorrutas que a las vías para automotores y, en particular, a las que son de uso primordial de automóviles particulares. El caso es obvio en ciudades como Girardot, Montería o Valledupar: Deberían ser ciudades con ciclorrutas en todas las vías, incluso con algunas alamedas y ciclorrutas sin vía adyacente para automotores.

Pero no sólo existe la desigualdad de ingresos. Hay desigualdad entre los viejos, los niños, los jóvenes y los adultos, entre los discapacitados y los que no lo son. El espacio público contribuye a crear igualdad, no sólo entre los ciudadanos de distintos niveles de ingresos, sino entre los que tienen alguna limitación y los que no. Es importante aclarar la diferencia entre querer que los pobres estén mejor y desear la igualdad. Por ejemplo, una persona de extrema derecha desea que los pobres tengan mejores condiciones de vida, pero rechazaría radicalmente tener que tomar el mismo bus con ellos. En este contexto, el espacio público y la manera como se organiza la ciudad son medios para construir igualdad y generar calidad de vida. En una ciudad democrática, ciudadanos de todos los niveles de ingreso se encuentran como iguales en parques y espacios públicos. Por ejemplo, en las ciudades holandesas es normal que cualquier millonario utilice corrientemente el transporte público o una bicicleta, mientras que en Colombia los estratos altos rechazarían, en principio, tener que mezclarse con los demás ciudadanos en el transporte público. Algo revolucionario que ha sucedido en Bogotá es que los ciudadanos de ingresos medios y altos están utilizando Transmilenio, y esto es mucho más importante y efectivo para la igualdad que muchas propuestas políticas grandilocuentes.

La cantidad y calidad del espacio público es un reflejo del grado de democracia de una sociedad. El primer artículo de todas las Constituciones del mundo señala que todos los ciudadanos son iguales ante la Ley. En algunas, como la colombiana, también se hace explícita una consecuencia de ese principio: que el interés general prevalece sobre el particular. Esto tiene poderosas implicaciones en lo relativo al espacio público. Por ejemplo, como solamente una minoría dispone de automóvil, invertir recursos públicos en vías a ser utilizadas prioritariamente por automóviles particulares es menos democrático que invertir en espacios públicos peatonales.

El espacio público de calidad comienza apenas a compensar las enormes diferencias económicas entre los ciudadanos. Es en el tiempo libre cuando se sienten más las diferencias de ingreso. Durante el tiempo de trabajo en la empresa, el ejecutivo de alto nivel y el empleado de menor nivel están igualmente satisfechos o insatisfechos, mientras que durante el tiempo libre la diferencia en la calidad de vida es abismal: el ciudadano de altos ingresos tiene una vivienda amplia, probablemente con jardín, y acceso a clubes, fincas, restaurantes, centros comerciales y vacaciones; por el contrario, el ciudadano de bajos ingresos y sus hijos habitan una vivienda pequeña, posiblemente de menos de 40 metros cuadrados, en espacios estrechos, y su única alternativa de tiempo libre distinta de la televisión es el espacio público. La disponibilidad de espacio público de calidad es, entonces, particularmente crucial para los ciudadanos de menores recursos.

De esta forma, los más perjudicados con la ausencia o el deterioro del espacio público son los ciudadanos más pobres. Cuando el espacio se deteriora los ciudadanos de altos ingresos se refugian en sus casas, clubes, jardines y centros comerciales, mientras que los pobres no tienen alternativa para el espacio público y, tan dolorosa como la falta del espacio público de calidad, es la sensación de exclusión que sienten al no poder encontrarse como iguales con los otros ciudadanos. Así como un espacio público de calidad produce la integración de los ciudadanos de todas las condiciones en entornos de igualdad, su ausencia produce exclusión.

¿Ciudad para los carros o para la gente?

Cuando se habla de espacio público peatonal es inevitable abordar el tema del uso del automóvil. En la ciudad contemporánea hay un conflicto entre la gente y los automotores por el uso del espacio urbano. Los automotores son la principal fuente de destrucción de la calidad de vida urbana. Hay que escoger entre una ciudad para la gente y una ciudad para el automóvil. Las vías rápidas generan ruido y contaminación, y son peligrosas o imposibles de atravesar. Parecen cercas en un potrero de vacas, que encierran y aíslan sectores urbanos. Si las autopistas son viaductos elevados ensombrecen el entorno, impiden ver el cielo, generan inseguridad y desvalorizan los sectores por donde pasan.

Caminar con un niño junto a una vía ancha o rápida para automotores es menos agradable que caminar junto a una más angosta o en la que los autos transitan más lento; caminar en una vía exclusivamente peatonal es mucho más placentero. Hay un conflicto entre el espacio vial que es para aceras y ciclorrutas y el que es para los automotores, ya sea los que circulan o los que se estacionan. En las ciudades colombianas y, en general, en las ciudades del mundo en desarrollo, las bahías de estacionamiento que se labran sobre las aceras o, simplemente, el estacionamiento sobre ellas, constituyen la principal fuente de deterioro urbano.

Las ciudades han existido desde hace unos 5.000 años. Constantinopla, en Mesopotamia, una de las primeras y ciertamente la más famosa de la época, estaba ubicada a sólo pocos kilómetros de la actual Bagdad. Desde ese entonces y hasta hace menos de 100 años, todas las vías de las ciudades eran peatonales. Un niño podía desplazarse, sin ningún temor, a cualquier parte. A diferencia de lo que ocurre cuando una persona es atropellada por un automotor, alguien atropellado por un coche tirado por caballos rara vez muere. Las pinturas de la época muestran ambientes urbanos con las vías abarrotadas de gente. Era posible caminar sin temor, despreocupadamente, descuidadamente. En la Roma imperial, los peatones iban por el centro de la vía, y los caballos y carros por los costados; además, estaba prohibida la circulación de carros dentro de la ciudad durante el día. Las aldeas del mundo en desarrollo, y aún los barrios de los ciudadanos de menores ingresos, continuaban siendo ambientes peatonales. En esas vías sin automóviles la gente conversaba y los niños jugaban; había comunidad. El ruido del tráfico no tapaba el silencio y cuando un vehículo se aproximaba era posible oírlo por anticipado a su aparición. Como las vías no estaban pavimentadas la velocidad de los vehículos era baja, mejorando la seguridad de los peatones.

Cuando aparecieron los automóviles, debimos haber construido ciudades en las que la mitad de las vías fueran exclusivamente peatonales, permitiendo la circulación de automotores en la otra mitad. Desafortunadamente, esto no fue así y, durante los últimos 80 años, las ciudades se han construido pensando más en la movilidad de los automotores que en la felicidad humana. Es posible peatonalizar algunas vías céntricas; en la administración Peñalosa esto se hizo con la avenida Jiménez y la llamada T, en la zona rosa de Bogotá. Incluso sería posible abrirle paso a vías peatonales de varios kilómetros a lo largo de la ciudad, haciendo demoliciones o ampliando aceras, si se cuenta con tiempo y, por supuesto, sobre la base de que las vías peatonales no necesariamente son rectas. También, es posible construir algunos parques lineales que, con ciclorrutas y sin vías adyacentes para automotores, atraviesen la ciudad. Es así como un estudio japonés de transporte proponía construir una autopista de 8 carriles, pero allí la administración construyó el parque lineal Juan Amarillo, con una extensión de más de 35 kilómetros, utilizado a diario por decenas de ciclistas para ir a su trabajo. Sin embargo, en las ciudades en pleno crecimiento de los países en desarrollo, es posible ser mucho más ambiciosos, especialmente en las zonas de expansión todavía no urbanizadas o semi-urbanizadas, y construir redes de cientos de kilómetros de alamedas o vías exclusivamente peatonales.

Asimismo, durante la alcaldía Peñalosa, se concibió y construyó la Alameda del Porvenir: una vía peatonal de más de 21 kilómetros que atraviesa algunos de los sectores de menores ingresos al occidente de la ciudad. Es muy bella, con cables subterráneos para su iluminación, palmas en el medio y árboles de caucho y pimientos a los lados. A los peatones y las bicicletas se les hizo una vía casi lujosa, adoquinada, con iluminación, bancas y árboles, mientras que los automotores en los barrios que atraviesa tienen que moverse lentamente por vías sin pavimentar, con huecos y barro en la época de lluvia. Los vecinos acogieron positivamente la alameda, entendieron que era una obra para dignificar su vida. Pavimentar las vías para automotores les mejora la vida, pero hacer la alameda no sólo la mejora sino que la cambia. Les permite vivir de una manera distinta y mejor: salir a jugar, a correr, a encontrar a sus vecinos, usarla para caminar o ir en bicicleta a la biblioteca. El poder simbólico de la alameda es muy grande, pues consiste en una manifestación de respeto por la dignidad humana. Es un lugar de encuentro, como una plaza alargada, y es una vía para el transporte a pie y en bicicleta.

Idealmente, todas las ciudades deberían tener redes de cientos de kilómetros de vías exclusivamente peatonales. Mejora la calidad de vida de alguien que a pocas cuadras de su casa encuentra una vía peatonal, integrada a una enorme red, pues en ella puede caminar, trotar, llevar el coche del bebé, al niño con el triciclo, montar en bicicleta y, por supuesto, transportarse. Así, cambia por completo la manera de vivir, y no tiene un costo significativo si se incorpora a la ciudad desde antes de que se haga el urbanismo.

Un documental sobre unas garzas en un pantano del Brasil mostraba que cuando las pequeñas comenzaban a salir del nido, y trataban de aprender a volar, caían con frecuencia de las ramas de los árboles al agua, donde muchas eran devoradas por cocodrilos hambrientos que observaban el aprendizaje. La angustia de los padres frente al peligro que corrían sus pequeños era sobrecogedora. Pero, al reflexionar sobre el tema, algo es aun más impresionante: el predicamento de los niños en nuestras ciudades es muy similar, pues apenas salen de su casa enfrentan el riesgo de morir atropellados por un automotor. Los niños de nuestro tiempo crecen con el terror de los automóviles. Antes de aprender a hablar, los niños en cualquier ciudad del mundo actual aprenden a temer a los automotores. Saltan atemorizados cuando les decimos "¡Cuidado, viene un carro!", y es con justa razón, puesto que cientos de miles de niños perecen atropellados por los automóviles cada año en las ciudades del mundo. Durante la Edad Media europea, los niños crecían con temor a ser devorados por los lobos; subsisten juegos, cuentos y canciones infantiles que evocan la época en que los lobos eran una amenaza para los campesinos europeos. Sin embargo, los automóviles son infinitamente más peligrosos para los niños de las ciudades de hoy de lo que pudieran haber sido los lobos para los niños campesinos europeos.

En las ciudades colombianas los niños crecen encerrados en sus apartamentos. Entre más alto es el estrato del barrio mayor es el tráfico y el encerramiento de los niños por lo que, no obstante otras carencias, es posible que la calidad de la infancia de los niños en barrios de estratos medios y populares, en algunos aspectos, sea mayor que aquella de los niños de estrato alto. Los parques de las ciudades de Colombia son escasos, al igual que los campos deportivos públicos; pero cuando los hay, llegar a ellos es peligroso para los niños. En muchos casos, hasta para los adultos es peligroso atravesar ciertas vías arterias o sus rampas de acceso, porque el diseño urbano se ha hecho dando prioridad a los automotores sobre los seres humanos.

Es cuestionable si después de miles de años de historia humana puede considerarse progreso el hecho de que nuestros niños crezcan amenazados de muerte. Es probable que en unos cientos de años vean las ciudades de nuestro tiempo como la expresión de un mal momento en la historia, un período terrible felizmente superado; tal vez, nos verán de manera similar a como nosotros recordamos hoy las ciudades británicas de la revolución industrial, con su hacinamiento, contaminación, hollín húmedo pegado a todo, horarios inhumanos de trabajo y miseria. ¿Será que no hay una mejor manera de diseñar ciudades y organizar la vida humana que la que hoy tenemos? ¿Será posible lograr que los niños salgan de sus casas a ambientes exentos de peligro?

Según la Organización Mundial de la Salud, cada año más de 1,2 millones de personas mueren atropelladas por automotores; otros millones más son heridos de gravedad. En las ciudades del mundo en desarrollo más del 70% de los muertos en accidentes de tránsito son peatones. Allí, los propietarios de automóvil tienden a sentirse socialmente superiores a los peatones y a respetarlos poco. Pero, en todas partes, los carros representan una amenaza real y permanente para los niños que se aventuran fuera de su casa. En Colombia, un país en guerra, el número de personas muertas como resultado del conflicto es prácticamente el mismo que el número de peatones y ciclistas que mueren atropellados por los automotores. Durante el año 2004 murieron 2.065 peatones y 445 ciclistas, para un total de 2.510; los muertos a causa del conflicto armado ascendieron a 2.649. Y casi seguramente los 14.403 peatones y ciclistas lesionados supera por mucho el número de lesionados como consecuencia del conflicto armado.

Es posible que la desigualdad sea la causa indirecta de las muertes del conflicto. Pero los peatones y ciclistas muertos en lugares donde no había aceras de calidad y ciclorrutas son causados directamente por la desigualdad, por el descuido estatal de la seguridad de los ciudadanos más vulnerables, aquellos que no disponen de un automotor. ¿Acaso el derecho de poder movilizarse con seguridad está reservado a quienes disponen de un automotor?

Debido al conflicto que existe entre el espacio para los automóviles y el espacio para las personas, escoger una ciudad para la gente, una ciudad estructurada alrededor del espacio público peatonal de calidad, exige restringir el uso del automóvil particular y proveer un transporte masivo de calidad, al igual que una infraestructura protegida para las bicicletas. En Colombia, y en la mayoría de las ciudades de países en desarrollo, el problema de la invasión de los espacios peatonales por parte de buhoneros o vendedores informales es menos grave que la invasión de espacios peatonales, o que deberían ser peatonales, por parte de los automotores.

¿Inversión en cemento versus inversión social?

Recientemente, en Bogotá se ha permitido y tal vez propiciado la ocupación de los espacios públicos por parte de los vendedores informales. Se adelantan programas orientados a asignar pedazos de espacio público a vendedores. Sin embargo, se olvidan de que antes de administrarlo hay que crearlo. El espacio público no se crea espontáneamente sino que hay que hacerlo: comprar tierras, diseñar y construir aceras, parques, alamedas, campos deportivos, ciclorrutas y bibliotecas. En todos sus detalles, la ciudad debe expresar que el ser humano es sagrado y debe tratarlo como tal. Una ciudad así, genera comportamientos ciudadanos. La educación de ciudadanos civilizados, respetuosos con los demás y con la ciudad depende, en gran medida, del entorno. La cultura ciudadana cambia cuando el entorno lo hace.

Bogotá era una ciudad particularmente carente de autoestima y orgullo y, además, sus habitantes no tenían esperanza de lograr un futuro mejor. En un estudio de Lariza Pizano, a través de encuestas, claramente se demostró como la actitud de la gente comenzó a cambiar cuando la ciudad empezó el cambio[1]. Si un ciudadano tiene que caminar esquivando carros estacionados sobre la acera, o es arrojado por un bus viejo y destartalado en la mitad de la vía, no es posible pedirle que pague impuestos, que no bote basura o que recoja los excrementos de su perro. El comportamiento de un ser humano depende, en gran medida, de la manera como es tratado. Esto no significa que el "software" o campañas educativas no sean importantes. Por ejemplo, darle a la ciudad un lema que la identifique y la motive como la "gran manzana", en el caso de Nueva York, o "Bogotá, 2.600 metros más cerca de las estrellas", también es útil. Pero esto no es creíble ni efectivo si la ciudad física no trata bien a sus habitantes.

En la campaña para la Alcaldía de Bogotá del año 2003, el candidato ganador insistía en que trabajaría en programas sociales en vez de invertir en cemento. Pero, ¿qué significa lo social?, ¿los niños que van al colegio o al jardín infantil no lo hacen en una construcción de cemento?, ¿la biblioteca es social o es cemento?, ¿el sistema Transmilenio, que ahorra cientos de horas a los ciudadanos cada año y que los trata con respeto, es social o es cemento?, ¿y los parques donde los niños juegan y los viejos se sientan a conversar no son sociales, al igual que las aceras, donde se realizan esas actividades

---

1   Pizano, Lariza. *Bogotá y el Cambio: Percepciones sobre la Ciudad y la Ciudadanía*. Bogotá: Universidad Nacional de Colombia, Universidad de los Andes, 2003.

profundamente humanas como caminar y ver gente? En esa misma campaña política, el candidato se burlaba de las ciclorrutas que se habían construido e insistió en que iba a trabajar por el ciclista y no por la bicicleta. Esas ciclorrutas propiciaron que de 0,2% de la población que se movilizaba en bicicleta se llegara a casi el 5%. Entonces, ¿son sociales las ciclorrutas de cemento y concreto? Lo "social", presentado como lo contrario de la inversión física, no es más que demagogia. La Biblia dice que regalando un pescado el beneficiario come un día, pero enseñándole a pescar comerá toda la vida. La inversión física, como la que se hace en espacio público, mejora la calidad de vida de manera estructural, como en el caso de los lotes que se adquieren para parques, por cientos y miles de años. La ciudad es una construcción física, donde la gente camina, se moviliza en bus y en bicicleta, es atendida en los hospitales, va a los parques, acude a las bibliotecas.

Actualmente, el acceso al verde es un poderoso factor de diferenciación social y, probablemente, en el futuro lo será más. Hace cincuenta años era impensable que los ciudadanos de menores ingresos tuvieran un televisor a color, teléfono, equipos de sonido e incluso electricidad, los cuales son bienes que normalmente hoy poseen. En treinta o cuarenta años los ciudadanos de menores ingresos de entonces tendrán bienes que parecen inaccesibles hoy, tales como un computador. Lo que no tendrán es el acceso a espacios verdes. Los únicos que disfrutarán espacios verdes serán quienes tengan acceso a fincas de recreo o clubes, a no ser que construyamos una infraestructura formidable de parques y campos deportivos, dentro y en las afueras de la ciudad, e incluso en zonas rurales a pocas horas de distancia de los grandes centros urbanos.

Durante mi administración se realizó una enorme inversión en adquisición de terrenos para parques, y la construcción y reconstrucción de los mismos. Se decidió abrir el parque Tercer Milenio en lo que era la zona céntrica terriblemente deteriorada del Cartucho, y se adelantó la mayor parte de la demolición y parte de la construcción del parque. También, se inició el proceso de expropiación de la cancha de polo del Country Club, planteando la necesidad de convertir los campos de golf en parque, mediante esquemas de un mínimo costo para la ciudad. Varias decenas de hectáreas de lotes formidables en sectores populares en Suba occidental, Kennedy occidental, Ciudad Bolívar, San Cristóbal y Usme, entre otras localidades, fueron adquiridas. Los parques que se abren en zonas densamente pobladas de la ciudad son, de alguna manera, vacunas contra la migración a suburbios de baja densidad como los de tipo norteamericano. Es posible y deseable, para asegurar un mejor futuro a los colombianos, adquirir enormes terrenos para parque en las afueras de las ciudades de hoy, para organizar una urbanización bien hecha y con base en el transporte masivo alrededor de ellos. Cuando se adquiere un lote para parque, éste se salva para cientos y miles de años en el futuro; genera una mayor felicidad a cientos de generaciones. Por el contrario, cuando se construye sobre un lote se pierde para parque, generalmente para siempre.

Por lo menos, en cualquier ciudad debe existir un espacio público de extraordinaria calidad, para que aun los ciudadanos de ingresos altos no puedan dejar de frecuentarlo. Así, por lo menos esporádicamente, los ciudadanos de todas las condiciones se integran como iguales, asisten a conciertos y desfiles, o simplemente pasean y se sientan a contemplar a los demás. En Nueva York está el Central Park; en París, los Jardines de Luxemburgo; en Londres, el Hyde Park y los demás parques integrados al mismo; algo similar ocurre con los parques de Sydney, las plazas de Florencia, Siena, Praga o Barcelona, y con el malecón de Guayaquil y otros frentes de agua urbanos, como aquellos de Zurich, Chicago o Río de Janeiro. En los frentes de agua urbanos se crean con facilidad esos espacios públicos extraordinarios. En las ciudades que no tienen un gran río, lago o mar, hay que hacer un esfuerzo especial para crear uno o varios hitos en términos de formidables plazas o parques que, bien integrados a la trama urbana, mejoren la calidad de vida y generen integración social. De alguna manera, en Bogotá ese gran espacio público integrador es la denominada ciclovía dominical. Cada domingo se cierran por 7 horas 120 kilómetros de vías, principalmente arterias, y más de 1,5 millones de personas salen allí a montar en bicicleta, a trotar, caminar y ver gente.

CENTROS COMERCIALES Y EL FRACASO DE LA CIUDAD

Cuando los centros comerciales reemplazan al espacio público como lugar de encuentro, esto es indicio de que una ciudad está enferma. En los Estados Unidos los habitantes de los suburbios, en los que el automóvil es indispensable para movilizarse y cuyas calles sin peatones son aburridas, van al centro comercial a ver gente. En el mundo en desarrollo, los ciudadanos de ingresos medios y altos se refugian allí porque encuentran extensas redes peatonales, sin automóviles estacionados en la vía peatonal, y para aislarse de la inseguridad y de los pobres. Estos, por supuesto, se sienten incómodos en los centros comerciales de los estratos altos y hasta son mal vistos por los vigilantes. El éxito de los centros comerciales en países en los que no hay problemas de inseguridad, como en algunos asiáticos, sugieren que lo que más atrae a quienes los frecuentan es la exclusividad y la calidad peatonal. Los centros comerciales no son el ágora, el lugar para la actividad democrática, el proselitismo y la protesta; como candidato fui retirado por la Policía, en varias ocasiones, por repartir plegables en centros comerciales, y en una ocasión tan solo por caminar y saludar a los transeúntes. Tampoco son un lugar para la contemplación, el encuentro tranquilo y gratuito. Las bancas para sentarse a ver pasar gente no abundan en los centros comerciales y, generalmente, no son lugares en los que personas con recursos escasos, como lo son muchos adultos mayores, sean bienvenidos.

Arquitectónicamente, los centros comerciales casi siempre desaprovechan el clima local y construyen cajas encerradas, climatizadas y estériles, donde no vuelan aves ni mariposas. Casi nunca tienen ventanas, lo que hace poco agradable y algo peligroso caminar por sus bordes externos. Y, por supuesto, cuando tienen estacionamientos al aire libre a su alrededor, indudablemente son destructores de la calidad de la vida urbana.

Por supuesto, no hay problema alguno con que los ciudadanos vayan a un centro comercial a hacer compras. Lo malo es que éste reemplace al espacio público como lugar de encuentro, para ir a caminar y a ver gente. Algunos dicen que los centros comerciales son necesarios porque en nuestras ciudades hace demasiado calor o llueve mucho. En las ciudades de calidad mundial, sin importar el clima, las mejores tiendas nunca están dentro de un centro comercial: siempre están sobre el espacio público. Por ejemplo, Roma o Madrid, con veranos ardientes, o Nueva York, con inviernos de varios grados bajo cero.

Las ciudades deben ofrecer lo que los ciudadanos buscan en los centros comerciales: espacios peatonales amables y seguridad. Además, pueden ofrecer árboles, arquitectura, vista de unas montañas o del mar, carácter. Una ciudad en la que un turista que pregunta al conserje del hotel por un lugar agradable para caminar y es referido a un centro comercial no será una ciudad atractiva para los turistas, porque todos los centros comerciales son básicamente iguales, sin importar la ciudad del mundo en que se encuentren; inclusive, tienen muchas de las mismas tiendas.

Los vendedores informales

Arriba se mencionó que la principal causa del deterioro del espacio público en las ciudades colombianas y, en general, en las ciudades del mundo en desarrollo, son los automotores, particularmente cuando se estacionan en lo que debería ser espacio exclusivamente peatonal. Sin embargo, los buhoneros o vendedores informales también pueden deteriorar el espacio público, cuando se concentran en grandes cantidades, construyen casetas u obstaculizan el flujo peatonal. En estos casos, también es frecuente que la invasión del espacio público ocasione, indirectamente, un problema de delincuencia e inseguridad.

La administración actual de Bogotá ha manifestado que va a legalizar la ocupación de los espacios públicos por parte de vendedores informales y que, supuestamente, va a cobrarles por el alquiler de dicho espacio. El principal problema con esta política es la incapacidad de la administración de la ciudad para controlar que estas semillas que siembra no se rieguen como maleza y generen graves problemas de ocupación de espacios públicos. Cuando se autoriza a un vendedor la ubicación en cierto sitio, éste amplía el tamaño de su negocio, invita a parientes o amigos o, simplemente, otros llegan y se instalan alrededor, si es un buen sitio para vender. No hay ejemplos en Colombia de casos en que haya sido posible cobrar de manera efectiva a los vendedores informales por la ocupación del espacio público, y ni siquiera ha sido posible cobrarles el alquiler de los lugares en los que se han reubicado. Los diferentes lugares en los que se pueden ubicar los vendedores varían de valor. En una buena esquina, un vendedor de perros calientes puede obtener ingresos mucho más altos que los de un alto ejecutivo del sector financiero. La pregunta es: ¿Cómo asignar los lugares más valiosos?

Adjudicar un espacio público a un vendedor es regalar un activo valioso, es algo equivalente a regalar dinero. ¿A quien regalarlo?, ¿cómo escoger a los beneficiarios? Ha habido experiencias en el pasado. Inicialmente, se propuso asignar el espacio público a los más pobres o más necesitados. Luego, en la práctica, se comenzaron a hacer adjudicaciones con criterios políticos. Terminó haciéndose con corrupción; esa es la consecuencia de asignar un recurso valioso sin licitación ni control de alguna clase.

Las ventas en el espacio público pueden ser positivas para la ciudad, al igual que las mesas que restaurantes y cafés sacan a las aceras y plazas. Algunos puestos de ventas en espacio público son encantadores y le dan carácter a la ciudad: ventas de frutas, café y aguas aromáticas, o simplemente las de dulces, cigarrillos y galletas de empaques multicolores. Lo son mucho menos las ventas de productos de contrabando, especialmente cuando los que las llevan a cabo extienden la mercancía sobre andenes de alto tráfico y dificultan la circulación peatonal. Tampoco es agradable, para muchos, que se friten chorizos y otros productos cuyo olor impregna la ropa de quienes pasan. Aunque afectan negativamente el tráfico, las ventas en los semáforos tampoco hacen daño al espacio público de la ciudad. Los vendedores que cargan su mercancía ellos mismos no generan ningún problema. Incluso, aquellos que la trasladan en una bicicleta, siempre que no estacionen en un lugar que obstruya el paso y no se concentren varios en un mismo lugar, generalmente no causan problemas. La pregunta es ¿qué tanta capacidad tenemos para administrar la anunciada legalización de ventas en espacio público, en la etapa actual de desarrollo de la ciudad? En Bogotá, la peor invasión de espacio público en la historia de la ciudad fue la de San Victorino. Irónicamente, comenzó con una reubicación de vendedores que la Alcaldía había retirado de otro lugar.

Conviene reiterar que, cuando el espacio público se deteriora, los más perjudicados son los pobres puesto que no tienen alternativa a éste. El deterioro del espacio público genera exclusión; la sociedad se segrega. Las personas de estratos altos se refugian en sus viviendas amplias, casas de campo y centros comerciales, pero los pobres no tienen otra opción. Por ejemplo, en Bogotá, con la recuperación de San Victorino, plaza céntrica invadida con sus alrededores desde décadas, claramente los más beneficiados fueron cientos de personas de estratos populares que caminaban por allí a tomar el bus diariamente. Los dueños de los puestos de ventas eran de clase media, tenían automóvil, teléfono celular, y salían a vacaciones.

Hay cosas que parecen ser y no son. Por ejemplo, a uno le parece que es el sol el que gira alrededor de la tierra o que los intereses altos aumentan la inflación. Del mismo modo, la invasión de vendedores informales de un sector no contribuye a solucionar el problema del desempleo. Por el contrario, puede llevar a la quiebra a las tiendas del sector formal, y a afectar negativamente zonas de la ciudad hasta llegar a su abandono parcial y su deterioro severo. Tampoco hay prueba alguna de que los vendedores informales, especialmente aquellos con el poder de apropiarse de los lugares más rentables, estén entre los ciudadanos más pobres de una ciudad.

Hay consenso sobre la importancia social y cultural de revitalizar los centros históricos de las ciudades pero, por supuesto, no llegarán inversionistas mientras se perciba que el riesgo de invasión y deterioro del espacio público es alto. Claramente, hay una correlación entre espacio público de calidad, y seguridad y percepción de seguridad. En un espacio público ordenado, los ciudadanos buenos son más solidarios y ayudan, por ejemplo, al que está siendo robado y se sienten como una mayoría, mientras que en un espacio público deteriorado, esas mismas personas se sienten rodeadas por una mayoría de cómplices del ladrón. Así ocurre con los delincuentes: en un espacio ordenado se sienten visibles y vulnerables. Muchos autores, como Jane Jacobs en su libro *La muerte y la vida de las grandes ciudades americanas*[2], también han enfatizado que entre más gente salga al espacio público mayor es la seguridad. Si en el espacio público hay gente y pasan cosas interesantes, como niños que juegan, parejas que se besan, personas a las que les gusta mirar por la ventana hacia fuera, esto contribuye, a su vez, con la seguridad.

La asignación de espacios públicos y la reubicación de vendedores informales significan regalar recursos públicos, y no necesariamente a los más necesitados; si se trata de una reubicación, se beneficia a los que violan la ley; no se debe apelar a eufemismos. Y si las cortes ordenan reubicaciones y compensaciones, premian a los que violan la ley, lo que ocasiona un problema de desigualdad. Las actividades ilegales siempre son más lucrativas que las legales. Son más rentables el contrabando o el narcotráfico que el trabajo dentro de la ley. Defender actividades ilegales con base en el derecho al trabajo es, por lo menos, discutible.

Gobernar con base en lo que en Colombia se denomina concertación no es muy democrático. Se debe concertar cuando se hacen las leyes, pero no se puede concertar el cumplimiento o incumplimiento de la Ley. En el léxico colombiano "concertación" ha llegado a significar algo parecido a lo siguiente: que el gobierno haga concesiones contrarias al interés general y, frecuentemente, a la ley y a minorías organizadas con capacidad de ejercer presión. La minoría de vendedores que se instala a la entrada del parque Simón Bolívar tiene capacidad de presionar, hacer ruido e incluso amenazar, mientras los cientos de miles de ciudadanos que van al parque no tienen voz ni capacidad de presión. Eventualmente, se expresan silenciosamente dejando de ir al parque. ¿Por qué el ciudadano de menores ingresos y sus niños no tienen el derecho que tiene el que ingresa a un club, de hacerlo dignamente sin que su ropa quede impregnada de olor a aceite y chorizo?

---

2   Jacobs, Jane. *The life and death of great american cities*. New York: Ramdom House, 1961.

Cerramientos de espacios públicos por particulares

No debe permitirse la privatización de los espacios públicos con base en la capacidad de ejercer presión de los interesados en su privatización. La actual administración de Bogotá cedió, por ejemplo, ante la presión de grupos de ingresos medios y altos, y expidió un decreto autorizando el encerramiento y privatización de facto de parques públicos. Esa decisión, para el beneficio de algunos particulares de estratos medios y altos, es un golpe terrible a la integración urbana y a la equidad social. Por supuesto, electoralmente es una decisión útil para quien la toma, pero ética, social y constitucionalmente puede ser considerada incorrecta.

Durante la alcaldía, quitamos algunos cerramientos para construir el parque El Virrey y nos pusieron varias tutelas; algunos vecinos que se oponían a la construcción del parque llegaron a decir que no querían juegos infantiles, porque las vendedoras de flores traerían a sus niños y el sector se deterioraría. Finalmente, la administración ganó esa y muchas otras batallas que se libraron para quitar los cerramientos ilegales que los vecinos, principalmente en los estratos 4, 5 y 6, habían levantado para encerrar parques públicos.

Sin embargo, la administración tenía conciencia de que la lucha por mantener abiertos los parques públicos era impopular entre muchos sectores. Los intereses particulares que deseaban cerrarlos estaban organizados y eran beligerantes, mientras que las mayorías beneficiadas con una ciudad más justa nunca reconocerían el esfuerzo. Así ocurre con frecuencia cuando se lucha por el interés general: los afectados se oponen con furia mientras que las mayorías, que habrán de beneficiarse, no se enteran o no actúan para respaldar la defensa del interés general.

El propósito principal de los cerramientos es mantener fuera a los indeseables, que para quienes defienden los cerramientos significan los ciudadanos de menores ingresos y sus hijos. Por ejemplo, en el parque del barrio Niza en Bogotá había una cancha de fútbol; cuando comenzaron a llegar jóvenes de otros barrios a jugar allí, algunos vecinos tumbaron las porterías. Luego, cuando iba a pasar la ciclorruta de un parque lineal, a unos 10 metros del humedal que hay allí, armaron un escándalo pseudo-ambiental y lograron bloquearla. Impresionaba ver que ellos tuvieran una cancha de tenis prácticamente sobre el humedal o que tres de las vías más grandes del país pasaran sobre éste y no les importara, pero que les pareciera intolerable que ciudadanos de menores ingresos fueran a contaminar su barrio, pasando por allí en bicicleta.

La administración actual justifica los cerramientos por razones de "seguridad". Con ese argumento se podrían cerrar todos los barrios de la ciudad. En todas las ciudades del mundo hay ladrones, pero no se encierran los espacios públicos; más bien, frecuentemente se instalan barrotes en las ventanas de los primeros, segundos y hasta terceros pisos, como ocurre en París, Nueva York o Beijing. Inclusive, habría argumentos para decir que el conocimiento de vecinos de comunidades cercanas, que se fomenta en un parque abierto, construye seguridad. Es importante recordar que nunca se han cuestionado los cerramientos de los conjuntos privados ni de otros espacios privados. Lo que la Alcaldía autorizó fue el cerramiento de parques públicos.

Es curioso que en nuestra cultura apropiarse de lo privado es impensable, pero apropiarse de lo público no parece grave. Es lo que ocurre con algunas personas que no robarían en una empresa privada, pero que actúan de manera dolosa en el sector público. La realidad es que lo público, que pertenece a toda la comunidad, es aún más sagrado que lo privado. Los particulares no pueden apropiarse de lo público con el argumento de la seguridad, como tampoco quien se sienta inseguro en un bus puede apropiarse de un automóvil ajeno. El gobernante tiene la obligación de defender los derechos de los ciudadanos, así éstos no los reclamen. Así como estamos en la obligación de defender los derechos, por ejemplo, de los indígenas del Putumayo, así éstos no protesten o no hagan uso de ellos, el alcalde está en la obligación de defender el derecho de todo niño para acceder a cualquier parque cercano a los lugares de vivienda o de trabajo de sus padres. Por supuesto, el alcalde debe enfrentarse a los representantes de comunidades organizadas, empeñadas en hacer prevalecer el interés particular sobre el interés general. Para eso está el gobernante: no para hacerse el simpático, especialmente ante los más fuertes, sino para defender una visión de sociedad, unos principios y unos derechos humanos fundamentales.

Legalizar el cerramiento de parques públicos es acabar con uno de los pocos espacios de integración e igualdad de nuestra sociedad desigual; es consagrar institucionalmente el clasismo y la exclusión. Ojalá la Corte Constitucional aclare que no se puede entregar a los ciudadanos de mayores ingresos lo que pertenece a todos los ciudadanos por igual.

Aceras para vivir la ciudad

Las aceras son el elemento urbanístico más importante de una ciudad. Deben ser amplias, sin desniveles en la entrada de los garajes, sin bahías de estacionamiento, con rampas confortables en las esquinas, arborizadas, bien iluminadas, preferiblemente con los cables eléctricos de teléfonos y demás a nivel subterráneo, con avisos comerciales discretos y contra las fachadas, con bancas y arborizadas. Una ciudad con andenes de calidad en todas sus vías y con ciclorrutas sobre estos, o paralelas a éstos, presenta la base de lo que puede ser la vida urbana civilizada. Con infraestructura que enaltece la dignidad humana, tal como la que constituyen las aceras, ciclorrutas, plazas, parques y demás, se estimula la convivencia y también la imaginación, para adelantar proyectos más civilizadores.

Las aceras en las ciudades colombianas, generalmente, demuestran falta de respeto por el ciudadano que camina y son evidencia de la desigualdad y la ineficacia de nuestra democracia. Frecuentemente, en nuestras ciudades no hay aceras; cuando las hay, son demasiado angostas, tienen escalones, baches, no tienen rampas de acceso en las esquinas para discapacitados o coches de bebé, tienen desniveles a la entrada de los estacionamientos, y algunos establecimientos comerciales, como las estaciones de gasolina, eliminan las aceras por completo. Lo mismo ocurre con los propietarios de hoteles, quienes también sienten que tienen derecho a labrar una "bahía hotelera"; hay automóviles sobre las aceras, vendedores de toda clase de productos sobre ellas, talleres de automóviles, pocas bancas, canecas y árboles, así como mínima iluminación.

Desde hace muchas décadas las aceras venían deteriorándose, como lo evidencian la siguientes citas. El dirigente político conservador Álvaro Gómez Hurtado, asesinado en 1995, escribía maravillosamente en la década de 1970: "Los andenes de Bogotá son un magnífico ejemplo concreto de cómo encaminar una política estatal hacia el bien común. Ellos han dejado de pertenecer al patrimonio público, y su función es ya gremial o particular en lugar de urbana. Sin embargo, los andenes no pertenecen al usuario transeúnte, como tampoco a aquellos que por necesidad o preferencia han hecho de ellos su oficina, su almacén o su garaje. El andén ya no es una extensión hermosa y descansada de la manzana, ni tampoco el espacio arquitectónico que equilibraba las moles de cemento. Es, por el contrario, una incursión hacia adentro de las calles. ¿Para solucionar el problema del estacionamiento bastaría con multar a los automóviles que, al estacionar sobre los andenes, los acaban y obstruyen al caminante? En ciudades de mejor desarrollo, los andenes suelen ser una continuación física de los parques. No se reducen a ser vías de comunicación peatonal y de interconexión de edificios. Son espacios para el esparcimiento, el ocio contemplativo y filosófico, que plantea desde dónde se observa pasar a la humanidad. La banca del andén, que persiste en otros países, era una institución saludable y constructiva que regulaba la vida de la calle. Por último, el descontrolado crecimiento del automóvil privado, que es proporcional a la ineficiencia del transporte público, va sentenciando la amplitud de estos espacios. Todo intento de regulación estatal deberá tener en cuenta que el andén es el núcleo íntimo y vital de lo urbano. A través de él suelen morir las ciudades, o revitalizarse para el hombre."

Y, con premonición, 40 años antes el gran historiador e intelectual colombiano del siglo XX Germán Arciniegas, escribía en la década de 1930: "Los peatones –dirán los chóferes- deberían andar contra las paredes. Y seguramente están en lo cierto. Yo no veo, para nosotros los peatones, otro remedio sino 'tener paciencia y maldecir pasito', como reza la máxima. Mientras surge la solterona o el 'cívico' que venga a protegernos como se protege a los perros y a los caballos. Quieran los hados que el redentor no esté lejano."

El ser humano es un ser que camina; necesitamos caminar, no para sobrevivir, sino para ser felices. La condición ambiental más fundamental de un hábitat humano es una infraestructura que permita la movilidad de los seres humanos con seguridad, y muy especialmente de aquellos más vulnerables como los que se movilizan en silla de ruedas, los limitados visuales, los ancianos y los niños. Aceras amplias, sin ninguna discontinuidad, que permitan movilizarse a pie o en silla de ruedas con comodidad y seguridad, son un requisito ambiental que debe ser establecido como una obligación legal y aún como un derecho constitucional. El derecho a la movilidad está estrechamente ligado al de la libertad, y todos los ciudadanos, no solamente aquellos que dispongan de un automotor, tienen derecho a movilizarse con seguridad.

Hace unos años, la Universidad del Valle publicó un estudio llamado «La Ciudad, cárcel para personas con discapacidad» en el que una de sus principales conclusiones fue: "Los entrevistados con limitaciones visuales, señalaron el centro de Cali como un sitio imposible de transitar con seguridad y autonomía. Identifican las ventas ambulantes como la máxima barrera contra la libre movilidad y, en segundo orden, los carros parqueados en los andenes."[3] La ciudad sin

---

3   Otoya Quintana, Tenorio. *Diagnóstico de accesibilidad de la ciudad de Cali*. Cali: Universidad del Valle. Secretaría de Bienestar Social y Desarrollo Comunitario, Alcaldía de Cali, 1995.

aceras de calidad es menos amable y atractiva a todos los ciudadanos. Por esta razón no salen, se quedan encerrados.

La sostenibilidad urbana implica, antes que nada, que los seres humanos puedan vivir libres de amenazas contra su vida; por lo tanto, lo mínimo indispensable para que haya sostenibilidad son aceras amplias. De hecho, si la ciudad es un lugar para el encuentro de todos, la acera es el lugar por excelencia para ese encuentro, puesto que la vía es, para los automotores y las edificaciones, espacio privado y, por ende, excluyente. Cualquier ciudad democrática debe ofrecer a sus ciudadanos aceras de calidad, de modo que quede claro que son los automotores los que están pasando sobre el espacio de los peatones y no lo contrario. ¿Qué tan amplias deben ser las aceras? Tan anchas como sea posible. Así, será mayor la seguridad para los niños, la calidad de vida, el valor de los inmuebles y la seguridad de un sector. De todas formas, la amplitud mínima de una acera es aquella que permita que dos personas en sillas de ruedas se crucen en direcciones opuestas sin dificultad. La ley debería establecer que, en el futuro, cualquier vía urbana tenga aceras de mínimo 5 metros.

Las ciudades colombianas están cubiertas de cables que las afean. Frecuentemente, muchos de los cables que cuelgan de postes y paredes son cables muertos, que no fueron quitados cuando los sustituyeron por otros. Las ciudades colombianas son ambientes urbanos de alta densidad, que no deben tener cables por el aire. La ley que debe expedirse obligando a la construcción de andenes en todas las vías, debe obligar al enterramiento de los cables. Para ésta puede darse un plazo mayor. Como en otros asuntos relativos a la arquitectura, no es posible probar matemáticamente que una acera más amplia es mejor, como tampoco es posible probar que los edificios demasiado altos deterioran la calidad humana del entorno urbano. Son verdades que se perciben con el corazón y el alma, son conceptos más asimilables al arte que a la ingeniería. Pero, también, es posible apelar a la experiencia de las sociedades, observar los entornos urbanos que mejor se mantienen con el paso del tiempo, en los que la gente quiere estar y tener su residencia, los que tienden a ser reconstruidos, reparados y cuidados con esmero, en lugar de ser demolidos; es decir, los que se valorizan en lugar de perder valor. Una visión de ciudad es, en última instancia, ideológica porque no es correcta o incorrecta. Se estructura con base en certezas del alma, más asimilables a la ética y a la estética que a la razón. La visión que aquí se presenta es una en que la cantidad y la calidad del espacio público peatonal definen, de manera fundamental, la calidad de una ciudad.

Los automóviles estacionados sobre las aceras o en bahías de estacionamiento donde debería haber aceras evidencian irrespeto por la dignidad humana, en especial por la de los más vulnerables: los viejos, los niños, los discapacitados y también los pobres, que caminan mucho más que los ciudadanos de ingresos más altos. De ahí que la presencia de los automóviles sobre espacios que deben ser exclusivamente peatonales sea indicio de falta de democracia. Demuestran que los ciudadanos que se movilizan en automóvil son de primera clase, mientras que los que van a pie son de segunda o tercera. Es interesante que en alemán las palabras ciudadano (*bürger*) y acera (*bürgersteig*) estén estrechamente relacionadas. Ausencia de aceras de calidad, o automóviles estacionados sobre las aceras, expresan de manera elocuente que en la sociedad hay desigualdad. Por el contrario, andenes de excelente calidad son un poderoso símbolo de equidad y democracia.

En Bogotá, como en muchas otras ciudades tercermundistas, los automóviles se habían venido estacionando en las aceras por décadas. Se labraban bahías de estacionamiento en las aceras, achicando el espacio de los peatones. Era un problema que ni siquiera había sido identificado como tal; nunca había sido discutido por alguien. Aunque la ocupación vehicular de las aceras era ilegal, había sido tolerada siempre. Los policías imponían multas a los vehículos mal estacionados en alguna vía, pero jamás habían multado a los vehículos sobre las aceras. Lo curioso es que aunque a lo largo de los años varios alcaldes habían quitado a vendedores informales del espacio público que habían invadido, nunca se había siquiera cuestionado la ocupación vehicular de las aceras. Los comerciantes habían abierto tiendas cuyo estacionamiento era simplemente la acera de enfrente y, por supuesto, se enardecieron cuando la administración comenzó a sacar los carros de las aceras, a instalar bolardos para impedir el acceso de los vehículos a ellas, y a construir grandes andenes sobre las bahías de estacionamiento, inaccesibles a los automotores.

La mayoría de los propietarios de automóvil se sintieron agredidos. Los medios de comunicación parecían no tener otro tema para llenar periódicos y noticieros. El poder de los medios es tan enorme que, pronto, incluso los ciudadanos más pobres consideraban que el problema más grave de la sociedad era el de los bolardos, palabra que para efectos prácticos no existía anteriormente. Algunos comerciantes financiaron una gran campaña para recoger cientos de firmas con las cuales convocar a una elección para revocar el mandato Peñalosa, anticipadamente. Finalmente, no lograron recolectar la cantidad necesaria de firmas y, luego de un año, los bogotanos comenzaron a apreciar cada vez más el valor de un excelente espacio peatonal para una buena calidad de vida. En buena medida, gracias a la transformación de parte importante de su espacio público peatonal, la ciudad terminó transformándose por completo y, muy especialmente, varió la actitud de los habitantes respecto a ella, pasando del negativismo absoluto y desesperanzado al sentido de pertenencia y confianza en el futuro.

Algunos comerciantes que se oponían a la eliminación de las bahías de estacionamiento decían que el problema era simple tozudez y terquedad del Alcalde ya que, según ellos, había espacio suficiente en las aceras para labrar bahías y "además para que pasara la gente". Entonces, se promovieron por medio de cuñas televisivas, campañas educativas sobre el tema. Allí se decía que, a primera vista, pareciera que las aceras son parientes de las vías puesto que viven juntas; sin embargo, son de una naturaleza muy distinta. Mientras que las vías son para pasar, para ir de un lado a otro, las aceras sirven para disfrutar de la ciudad, conversar, jugar, darse besos. Realmente, su parentesco es con las plazas y los parques. De modo que decir que en el andén hay suficiente espacio para estacionar vehículos y para que además pase la gente, equivale a decir que el parque o la plaza principal de una ciudad puede convertirse en un gran estacionamiento al aire libre, siempre y cuando se deje suficiente espacio entre los vehículos estacionados para que transite la gente.

Cuando los comerciantes alegaban que el gobierno tenía la obligación de solucionar el problema del estacionamiento, tuvimos que recordarles que no era así. Las constituciones de los países subdesarrollados tienden a ser muy extensas y a incluir decenas de páginas de derechos, mucho más generalmente que las correspondientes a las obligaciones de los ciudadanos. Sin embargo, no obstante la abundancia de derechos en nuestra Constitución, ésta no incluye el derecho al estacionamiento. Construir espacios para el estacionamiento es un asunto privado y no una obligación gubernamental. Lo que sí era absolutamente sagrado es que ni un centímetro de acera podía ser utilizado para estacionamiento vehicular.

Todas las grandes avenidas construidas en Bogotá desde 1950 se habían construido sin aceras, para maximizar el uso de los recursos en términos de extensión vial, sin importar que la mayoría de la población no dispusiera de un automóvil. Pero todos aquellos que podían tener alguna influencia en las decisiones tenían automóvil y no se habían percatado siquiera de que esto no era correcto. La administración Peñalosa le dio un gran vuelco a esa tendencia e hizo grandes avenidas, como la extensión de la avenida Boyacá de la calle 138 a la 170, la avenida Iberia, o la avenida a Villavicencio, desde el occidente de Kennedy hasta la autopista sur; estas nuevas vías se hicieron con aceras amplias, ciclorrutas, arborización, iluminación para el costado peatonal y bancas; en fin, eran vías que también tenían en cuenta a los peatones.

Bicicletas y ciclorrutas

Montar en bicicleta es una manera más eficiente de caminar. Es movilidad humana, que sólo usa la fuerza humana. La bicicleta es el único medio de movilidad individual accesible a la mayoría de los ciudadanos. Los de menores ingresos, los jóvenes y los niños, no disponen de un automóvil pero, frecuentemente, tienen una bicicleta. En una democracia, las ciclorrutas físicamente aisladas del tráfico automotor no son algo deseable o simpático, sino una obligación del Estado porque son indispensables para que los ciudadanos puedan movilizarse sin peligro de muerte. Es un derecho humano poderse movilizar sin temor y, en este sentido, un derecho ciudadano básico contar con ciclorrutas en todas las vías urbanas y en las carreteras. El derecho a la movilidad sin que ésta implique un gran riesgo de muerte no puede ser exclusivo de aquellos que dispongan de un automotor.

Las bicicletas abundan en las ciudades colombianas. Sin embargo, generalmente son invisibles para las administraciones y la dirigencia general. Frecuentemente, los ciudadanos de estrato alto dicen que en su ciudad es imposible movilizarse en bicicleta porque hay demasiadas vías empinadas, porque hace calor o cualquier otra razón. Pero al asomarse a la calle es evidente que, no obstante el gran riesgo de hacerlo por falta de infraestructura adecuada, muchos ciudadanos se movilizan en bicicleta.

No hay razón alguna para que las ciudades colombianas no logren movilizar más de un 30% de su población en bicicleta. Con ciclorrutas de calidad en todas las vías, árboles de sombra, pasos a desnivel para las bicicletas, e infraestructura de estacionamiento, esto se alcanzaría con facilidad. Hay, por supuesto, ciudades especialmente aptas para la bicicleta por su topografía, su tamaño y su clima: Cali, Montería, Girardot, Valledupar, Cartago, Palmira, Tuluá, Neiva, Ibagué. Pero no hay una ciudad colombiana donde la bicicleta no pueda tener una función importante dentro del sistema de transporte y, además, contribuir a humanizar la ciudad. En ciudades en las que un número mayor de ciudadanos se moviliza en bicicleta y no en automóvil, como Ciénaga o Montería, la ausencia de ciclorrutas ilustra la manera como la inversión pública se ha orientado a atender prioritariamente a la minoría de mayores ingresos.

Movilizarse en bicicleta contribuye a evitar la obesidad y a mejorar la salud de la población. El uso de la bicicleta crea un ambiente de convivencia en el que los ciudadanos están juntos sin diferencias de ingreso o jerarquías. A los seres humanos nos gusta ver gente y el uso de la bicicleta permite eso, hace una ciudad más atractiva. También, se facilita la conversación y el apoyo ciudadano mutuo, la solidaridad. La importancia de las ciclorrutas y del uso de la bicicleta va más allá de las cifras. Así como una bahía es más hermosa con veleros, una ciudad es más humana y más bella con ciclistas; las ciclorrutas son un poderoso símbolo de igualdad. Podría decirse que la ciclorruta es importante 20% porque protege al ciclista, y 80% porque simboliza que el ciudadano en una bicicleta de 40 mil pesos es igualmente importante que el se transporta en un automóvil de 100 millones de pesos. Por supuesto, una verdadera ciclorruta es una que protege físicamente al ciclista: aquella ciclorruta en la que un niño de 10 años no pueda movilizarse con seguridad, no es una ciclorruta.

En Bogotá se han completado más de 310 kilómetros de ciclorrutas. En 1998, cuando emprendimos el proyecto de construcción de ciclorutas, incluso tuvo que inventarse la palabra para diferenciar la ciclorruta de la Ciclovía del domingo. La protección a los ciclistas y el nuevo estatus que estos tienen dentro de la sociedad han llevado a que se pase de 0,1% de la población, que en 1997 se movilizaba en bicicleta, a un 5%. Hoy casi 400 mil bogotanos se movilizan en bicicleta a diario, una cifra superior a la que moviliza el metro de Medellín. Esto muestra la importancia que puede llegar a tener el uso de la bicicleta dentro del transporte urbano.

Para el ciudadano de menores ingresos el uso de la bicicleta puede representar un ahorro importante. En el caso de las ciudades grandes de Colombia dicho ahorro equivale al 14% de un salario mínimo, suponiendo que la persona sólo toma un bus en cada dirección, y que no lo usa de noche ni en domingos. En 4 años el ahorro en transporte por el uso de la bicicleta permitiría al ciudadano completar la cuota inicial de una vivienda de interés social, con esquemas de ahorro programado que le permitan, además, conseguir un crédito para adquirir su vivienda. Además, la bicicleta es el mejor sistema alimentador del transporte masivo. En Bogotá se construyó el primer estacionamiento para bicicletas en una estación de Transmilenio en la terminal de occidente y, en promedio, 260 ciclistas utilizan diariamente el estacionamiento con capacidad para 750 bicicletas. Aún falta la conexión de esta estación con la alameda El Porvenir. Cuando se haga, seguramente aumentará el número de ciclistas que llega a Transmilenio.

Con ciclorrutas en las vías de acceso a las estaciones de Transmilenio, los bicitaxis pueden adquirir una enorme importancia como alimentadores de los sistemas de transporte masivo tipo sistema Transmilenio. También, pueden ser medios muy importantes de transporte en distancias inferiores a un kilómetro para acceder a puntos de atracción, como zonas comerciales o grandes parques, siempre y cuando exista la infraestructura adecuada. Los administradores de centros comerciales y otros lugares interesados en atraer público favorecerían sus negocios promoviendo la construcción de ciclorrutas en las vías de acceso a estos para facilitar el acceso en bicicleta y, especialmente, en bicitaxi. En distancias cortas el bicitaxi es un transporte eficiente, ecológico, de bajo costo y promueve alta generación de empleo. Adicionalmente, su utilización contribuye a humanizar la ciudad y a hacerla más atractiva para el turismo. Puede ser especialmente útil para las personas que tienen dificultad para caminar distancias largas, como es el caso de las personas de edad avanzada. Otros usuarios frecuentes de las ciclorrutas son los ciudadanos que se movilizan en silla de ruedas. Así, logran movilidad y autonomía que no tendrían de otra manera.

Como se mencionó, en Bogotá el uso de la bicicleta ha aumentado sostenidamente desde que se inició la construcción de ciclorrutas, en 1999. Al igual que en los países nórdicos, la construcción de infraestructura que permite movilizarse con seguridad en bicicleta es la principal causa del aumento, aunque también se promovió la bicicleta de otras maneras. Es igualmente importante el mejoramiento del estatus del uso de la bicicleta, que también se ha logrado principalmente con la construcción de infraestructura especializada. Los ciudadanos de menores ingresos, con su chaleco reflectivo y su casco, no son percibidos como antes, como un estorbo al tráfico, como los más insignificantes de los ciudadanos. Son ciudadanos con autoestima. Sin duda, a medida que se amplíe la red de ciclorrutas y se mejoren las facilidades de estacionamiento, aumentará el uso de la bicicleta. En horas pico es mucho más rápido movilizarse en bicicleta que en automóvil particular en muchos sectores de la ciudad.

Hay muchas ciudades en Colombia en las que el uso de la bicicleta tiene un potencial aun mayor que en Bogotá. Se trata de las ciudades medianas y pequeñas, en zonas planas. Cali, Montería, Valledupar, Girardot, Palmira, Villavicencio, Cúcuta, Facatativá y Neiva son apenas algunos ejemplos de ciudades en las que la bicicleta podría tener un papel fundamental en el sistema de transporte, movilizando más del 30% de la población. Para lograr esto se necesitan redes extensas de ciclorrutas físicamente protegidas de los automotores. En las ciudades de clima cálido, la sombra de grandes árboles es importante para facilitar la utilización de la bicicleta.

El comercio

En las ciudades latinoamericanas existe un gran temor por el deterioro que la apertura de tiendas y otros establecimientos comerciales puede traer a un sector residencial. Todos recuerdan experiencias en las que en un sector residencial valioso se adapta una casa y se abre una tienda. Generalmente, la primera tienda que se abre vende productos de lujo, acordes con el entorno. Puede ser una tienda de artículos importados, un delikatessen sofisticado, una tienda de ropa de lujo o incluso un restaurante costoso. Por estar orientados a una clientela de altos ingresos, los vecinos no rechazan el nuevo negocio. Aunque puede haber normas urbanísticas que prohíben este tipo de usos en el sector, una característica del subdesarrollo es la flexibilidad en el cumplimiento de las normas. Pronto llega otro negocio similar, y después otro, y otro más. Así, la zona se vuelve el sector comercial más exclusivo de la ciudad, con inmuebles muy costosos. Pero entonces, casi imperceptiblemente, las cosas comienzan a cambiar. Las aceras dejan por completo de ser aceras para convertirse en estacionamientos y aparecen avisos protuberantes y luminosos. Cuando ya hay varias tiendas sofisticadas, aparecen unos negocios que ya no están dirigidos a una clientela de lujo. El sector se va deteriorando, pierde valor, se vuelve inseguro. Es abandonado por los residentes de altos ingresos y por los negocios orientados hacia ellos, y se convierte en un foco de deterioro urbano.

El comercio, cuya ubicación inició el proceso de cambio, busca entonces otra zona parecida a la que había al comienzo: un sector residencial de alta calidad. Y el ciclo vuelve a iniciarse. Como un cáncer, el comercio se toma un sector residencial de calidad y lo acaba. Los ciudadanos clase media y alta de las ciudades colombianas, generalmente poco participativos en los asuntos relativos a sus ciudades, han identificado el patrón y se movilizan para tratar de evitar que la oficina de planeación local autorice la ubicación de comercio, oficinas u otros usos no residenciales en su barrio. Identifican al comercio como la causa del deterioro urbano. Sin embargo, esto no es cierto.

Lo que causa el deterioro del sector donde se ubica el comercio no es el comercio en sí mismo. Son dos las causas: la primera y la más importante es la conversión de andenes y antejardines en bahías de estacionamiento, y la segunda son los avisos comerciales demasiado grandes, luminosos o perpendiculares a la fachada. Si las tiendas tienen avisos discretos y no hacen bahías de estacionamiento sobre el andén, no afectan negativamente al sector donde se ubican y, por el contrario, lo pueden favorecer. Labrar bahías de estacionamiento donde debería haber aceras marca el comienzo del fin de una zona urbana, crean un ambiente fértil para que también lleguen inicialmente los vendedores informales de productos legales y luego los de productos ilegales. El sector se afea, se desvaloriza y se vuelve inseguro. Cuando el comercio respeta los espacios peatonales y utiliza avisos discretos, no genera deterioro.

Los sectores comerciales más prestigiosos de las grandes ciudades del mundo como el Faubourg St. Honoré en París, la Quinta Avenida en Nueva York, Ginza en Tokio o la Via Veneto en Roma, no se deterioran. Mantienen inalterado su atractivo y su valor. En las mejores ciudades del mundo hay tiendas y restaurantes en el primer piso de edificios de apartamentos de lujo. El comercio, así como las universidades y las oficinas, pueden convivir armónicamente con la habitación, siempre y cuando el espacio público peatonal se respete como algo sagrado. En el comercio los vecinos se encuentran, se conocen, conversan. La ciudad de calidad no sólo debe tener infraestructura peatonal de calidad para caminar, sino lugares a donde ir a pie. Una buena ciudad tiene tiendas accesibles a pie desde cualquier vivienda y, por supuesto, cuando se va a pie al comercio se reduce mucho el uso del automóvil y el consumo de vías, de combustible y la contaminación. Una de las ventajas de las zonas urbanas de alta densidad es que los ciudadanos pueden caminar a la tienda.

LOS FRENTES DE AGUA

Permitir la privatización de los frentes de agua va en contravía del principio constitucional axiomático de la igualdad de todos los ciudadanos ante la Ley y de la consecuente predominancia del interés general sobre el particular. Los frentes de agua tienen una magia especial. Restringir el disfrute de los frentes de agua no sólo sería inconstitucional, sino también inmoral. Del mismo modo, también es inconstitucional permitir su deterioro. No es suficiente, sin embargo, impedir su deterioro y su privatización. Es necesario construir la infraestructura que haga posible su disfrute por parte de todos los ciudadanos, dentro del marco de su protección ambiental. Es indispensable una Ley que defina claramente cómo se debe realizar el aprovechamiento del agua en nuestro país, no sólo como un recurso para el consumo humano, usos agropecuarios o industriales, sino también como un recurso paisajístico y recreativo especial, que debe ser accesible a todos los ciudadanos. Es esencial garantizar no solamente que las playas sean públicas, sino que sean de fácil acceso público, con senderos de acceso y senderos paralelos a las playas. De no actuar con vigor en este campo, los niños colombianos que no tengan acceso a una casa sobre la playa o a un hotel de lujo no podrán siquiera ver el mar de su país. Y en las áreas urbanas, los frentes de agua deben tener una infraestructura peatonal de gran calidad para facilitar su disfrute por parte de todos los ciudadanos.

Es posible combinar armoniosamente lo privado con lo público. Algunas de las edificaciones más lujosas de Bonn o Colonia, en Alemania, están ubicadas sobre el borde del Rin. Pero entre los edificios y el río hay un sendero peatonal de uso público. En la parte sur-occidental de la isla de Manhattan, sobre el río Hudson, se construyeron modernos edificios de apartamentos, oficinas y algunos locales comerciales en un proyecto denominado Battery Park City, y un hermoso parque con senderos, ciclorrutas, jardines y plazas entre los edificios y el río. Cuando se autorizó este desarrollo urbanístico sobre lo que eran unos muelles abandonados y deteriorados desde hacía décadas, se exigió a los empresarios constructores que se hiciera el parque, y que aunque el uso de este sería público, como el de cualquier otro parque, el costo de su mantenimiento estaría a cargo de los propietarios de los edificios adyacentes.

Durante los últimos 20 años del siglo XX las ciudades del mundo redescubrieron el encanto de sus frentes de agua y han venido adelantando proyectos importantes para mejorar su calidad humana. Algunos, como el Bund en el río Huangpu en Shanghai o las playas de Río de Janeiro, tienen una tradición de vieja data; pero, en todos los casos, ha habido proyectos importantes para aprovechar mejor los frentes de agua urbanos, convirtiéndolos en hermosos espacios peatonales: Barcelona, Puerto Madero en Buenos Aires, Ciudad del Cabo, Guayaquil, el lago de Zurich, los puertos tradicionales de Estocolmo y Copenhague, los parques sobre lagos de Toronto y Chicago, San Francisco, San Antonio, Sydney, la Ortigia en Siracusa, para sólo mencionar algunos.

Tanto en las ciudades sobre el Rin, en Battery Park City o en algunos tramos del Támesis, en Londres, además del espacio público peatonal existe otra característica: no hay vías adyacentes al espacio peatonal para automotores. Parques o edificaciones aíslan el espacio peatonal del ruido y la amenaza de los automotores. Esta es la situación ideal. Desafortunadamente, en muchas ciudades del mundo, principalmente durante el siglo XX en plena fiebre por abrir más espacio para los automotores, se construyeron vías a lo largo de sus frentes de agua. Después vino el arrepentimiento. En las últimas décadas las ciudades avanzadas se percataron del enorme error que había sido construir vías para automotores por las orillas de los cuerpos de agua y en casos se han adelantado enormes obras para cambiar la situación. En Boston se invirtieron US $ 26.000 millones para hacer el famoso "Big Dig", la gran excavación, que implicó la construcción de túneles y la demolición de autopistas elevadas para abrir espacios públicos peatonales de calidad frente al mar en el centro de la ciudad. En París el alcalde Delanoe ha cerrado varios veranos consecutivos la autopista que en mala hora se construyó a lo largo del río Sena, para convertirla en "la playa de París", vertiendo toneladas de arena y colocando materas con palmeras. En Seúl se están invirtiendo millones de dólares para demoler las autopistas que se habían construido sobre el río Cheongyecheon y crear un parque lineal a lo largo del río, descubierto por entre la ciudad. En San Francisco ayudó la naturaleza: el terremoto de 1989 tumbó la autopista que pasaba frente a la playa y no fue reconstruida posteriormente.

A los ingenieros siempre les ha atraído hacer vías para automotores por el borde de los frentes de agua, porque sólo hay intersecciones donde hay puentes sobre el cuerpo de agua. Pero la vía por el borde destruye la calidad de la experiencia humana, el disfrute del contacto con la naturaleza, la contemplación que suscita el agua. Aunque en los países avanzados están realizando enormes inversiones para arreglar el daño que hicieron las vías por los frentes de agua, en muchos países en desarrollo se continúan construyendo vías por estos sectores. En Santo Domingo, capital de un país tan turístico como República Dominicana, no sólo hay vías sobre el frente de agua en la zona céntrica tradicional de la ciudad; hace pocos años se construyó una autopista que va desde la ciudad hacia el aeropuerto y hacia las zonas turísticas, bordeando a lo largo de kilómetros un formidable borde de agua. Es tan grave el error cometido, que sería rentable construir edificaciones sobre la calzada más alejada del mar y convertir en un malecón peatonal la calzada adyacente al mar. La autopista podría ser reconstruida paralela a la costa pero más alejada de ésta.

En Colombia no hemos aprovechado bien los frentes de agua de nuestras ciudades. Cartagena, con agua por todas partes, tiene vías para automotores sobre muchos frentes de agua y solamente tiene un par de angostos senderos peatonales sobre el borde de agua, con vías aledañas para carros. El plan vial de Cartagena contempla continuar construyendo vías vehiculares sobre los caños y playas, lo que sería desastroso. Se adelanta, sin embargo, un formidable proyecto peatonal en el borde de la Ciénaga de la Virgen que, de terminarse como está planeado, será el mejor frente de agua del país y contribuirá a mejorar las condiciones de vida de los barrios marginales del sector. En San Andrés se construyó un hermoso malecón recientemente. En Montería se hizo un bello parque sobre un tramo del río Sinú, y en Neiva hay otro programado. En Bogotá, durante la administración Peñalosa, dragamos la parte oriental del humedal del río Juan Amarillo que había sido rellenada y estaba siendo invadida, y recuperamos el espejo de agua, con un borde peatonal muy hermoso. Pero es mucho lo que tenemos por hacer para aprovechar verdaderamente la magia de nuestros frentes de agua urbanos, con espacios públicos de calidad.

ESTUDIOS DE IMPACTO HUMANO

Es grande el contraste entre el celo con que tradicionalmente se exigen estudios de impacto ambiental y costosas inversiones para minimizar los impactos ambientales, por ejemplo sobre algún insecto, y el descuido de estos estudios para con el ser humano. Aunque la ley vigente contempla el aspecto humano dentro del impacto ambiental de las obras, éste generalmente se ignora o se minimiza. Es necesario expedir una ley que exija que los estudios de impacto ambiental contemplen un capítulo sobre el impacto humano. Si hubiera estudios de impacto humano, orientados a proteger y mejorar el hábitat del ser humano, quizá se exigirían hermosos espacios peatonales a lo largo de cualquier canal de drenaje o riego, y amplias aceras y ciclorrutas a lo largo de cualquier vía.

Las ciclorrutas paralelas a las vías también se requieren en las carreteras interurbanas, en las zonas rurales. A lo largo de esas carreteras se movilizan los campesinos al trabajo, los niños a la escuela. En realidad, se necesita una ley que podría denominarse de "carreteras democráticas", que exija infraestructura peatonal y para bicicletas en todas las carreteras y, además, garantice otros puntos. Es urgente prohibir los muros y setos a lo largo de las carreteras, cuando no haya una casa de habitación a menos de 50 metros de distancia del borde de carretera. De no hacerlo, vamos a terminar de forrar los bordes de nuestras carreteras con setos de swinglia, bambú o ciprés, que impiden totalmente el disfrute del paisaje y hacen sentir al viajero que va encerrado entre dos paredes. Acaso el niño que no tiene la posibilidad de ir a una finca ¿no tiene el derecho de ver su país?, ¿de conocer vacas y caballos?, ¿de conocer los cultivos de algodón o maíz? Si hay algo de cierto en aquello de que la propiedad tiene una función social, es indispensable exigir que todos los cerramientos sean por lo menos 90% transparentes. También, es indispensable prohibir las vallas a lo largo de las carreteras en zonas rurales, para que el ciudadano ejerza el derecho a disfrutar del paisaje natural de su patria.

Para facilitar el acceso al campo y su disfrute son indispensables grandes parques regionales. Debemos construir senderos-ciclorrutas por el borde de los ríos y a través de las fincas, en regiones turísticas como la sabana de Bogotá y el valle de Rionegro. El Estado realiza enormes inversiones para generar desarrollo económico, como túneles, para acortar la distancia a los puertos, o distritos de riego, para aumentar la productividad de la tierra. Es bueno, sin embargo, recordar que el desarrollo económico no es un fin en sí mismo. Tan solo es un medio para alcanzar mayor bienestar y felicidad. La inversión en espacio público es una inversión muy distinta, puesto que no es un medio. Es un fin en sí mismo. El espacio público es un generador de felicidad que no se gasta y que, con un mínimo mantenimiento, no pierde nunca esa capacidad. El espacio público de calidad prácticamente es mayor bienestar en sí mismo. Por eso, es importante asignar una prioridad mayor en las agendas y presupuestos gubernamentales a temas como, por ejemplo, la adquisición de terrenos para parques. Con US $ 1000 millones, se podrían adquirir más de 50 mil hectáreas de terrenos para enormes parques alrededor de las ciudades colombianas, que muy probablemente en el futuro quedarían envueltas dentro de la ciudad. Esto mejoraría la calidad de vida hoy y, especialmente, hacia los siglos venideros; construiría inclusión y mejoraría notablemente la competitividad económica, ya que pocas ciudades del mundo podrían ofrecer algo similar.

La calidad de vida urbana construye igualdad, felicidad y además es el principal factor de competitividad hacia el futuro. Daniel Bell, en su formidable libro *El advenimiento de la sociedad pos-industrial*[4], señalaba que en una primera fase de la historia la tierra es el principal factor generador de riqueza y poder; posteriormente, en la etapa industrial, el capital sustituye a la tierra como factor determinante de la riqueza y el poder; pero que habíamos entrado en una nueva etapa, en que el conocimiento es el factor crítico del desarrollo y el poder. Alguien podía vivir en París y tener su tierra o su capital en Brasil. Pero no puede vivir en París y tener su cerebro y su capacidad creativa en Brasil. De modo que ahora el factor más crítico para la competitividad es la calidad de vida urbana: cómo atraer y retener personas altamente calificadas y creativas.

En Cartagena, sobre la costa Caribe colombiana, hay una gran empresa pesquera cuyos buques pescan atún en el Pacífico, que es donde se encuentra este recurso. El costo de movilizar estos buques al Pacífico supera los US $ 2 millones anuales. ¿Por qué se ubicó en Cartagena? Porque en las ciudades colombianas del Pacífico, como Buenaventura, no había la calidad de vida suficiente para sus capitanes de barco, ingenieros y otros profesionales. En Buenaventura, cada viernes hacia el medio día, hay una caravana de automóviles

---

4   Bell, Daniel. *The coming of post-industrial society,* New York: Basic Books, 1973.

que salen rumbo a Cali, a unas dos horas y media de distancia: son los profesionales que van a ver a sus familias en Cali, pues en Buenaventura no encuentran los colegios y otros elementos de calidad de vida que les permitan vivir allí con sus familias. Estos ejemplos dramáticos ilustran la importancia de la calidad de vida en la competitividad.

Las ciudades colombianas están compitiendo con otras de la región, e inclusive del mundo, por inversiones. Pero las "inversiones" no son simplemente capital y equipos; también son gente, ejecutivos, técnicos que toman las decisiones teniendo en cuenta la calidad de vida. Richard Florida ha señalado que ya no es como antes, cuando los profesionales altamente calificados iban a vivir dondequiera que a las empresas se les ocurría ubicarse, por ejemplo en pequeños pueblos aburridos en la mitad de ninguna parte[5] . Ahora, el recurso humano es el factor crítico de la competitividad de las empresas, y las empresas deben ubicarse en las ciudades en las que les gusta vivir a las personas que necesitan.

El turismo también se ha vuelto una actividad económica cada vez más importante. España recibe US $ 33.600 millones anuales; México US $ 8900; Costa Rica US $ 2100, con una población de 4 millones, lo que sería equivalente a que Colombia recibiera $ US $ 22.000 millones anuales por turismo. Muchas ciudades colombianas de todos los tamaños tienen una visión de su futuro en el que el turismo es una actividad económica importante. Quieren atraer turistas a sus carnavales y fiestas, que aprecien su riqueza cultural o natural. Pero olvidan, con frecuencia, que lo que atrae a los turistas en todo el mundo son sitios agradables para caminar y ver gente. Eso implica tener vías exclusivamente peatonales, malecones, plazas, parques y andenes de alta calidad, sin bahías de estacionamiento, iluminados, arborizados con orden, con bancas y canecas, con los avisos de las tiendas discretos y sobre las fachadas, y no perpendiculares.

¿Porqué Paris, Londres o Nueva York reciben cada una, anualmente, por concepto de turismo, una cifra muy superior al valor de todas las exportaciones colombianas sumadas? Porque son sitios agradables para caminar y ver gente. Los turistas las recorren a pie. En muchas ciudades norteamericanas, como

---

5 Florida, Richard. *The rise of the creative class*. New York: Basic Books, 2002.

Atlanta o Houston, hay edificios interesantes, básicamente las mismas tiendas de Nueva York y la mayoría de los turistas no diferenciarían entre los museos de estas ciudades y los de Nueva York; sin embargo, no atraen nada comparable en términos de turismo porque les falta la cantidad y la diversidad de gente.

¿Qué hace un viajero recién llegado a una ciudad que no conoce? Probablemente le pregunta al conserje del hotel por un lugar agradable para ir a caminar y ver gente. Los lugares atractivos para los turistas son aquellos amables para los peatones, no para los automóviles. Es una de las razones para que en Europa haya más de 1.000 centros urbanos con una red vial exclusivamente peatonal significativa. Hasta Disney exige que los carros se queden afuera. Se ha estimado que los visitantes de Disney sólo pasan el 4% del tiempo en los espectáculos o juegos. El resto del tiempo disfrutan de una ciudad peatonal, sin temer que sus niños pequeños sean atropellados por un vehículo si se sueltan de su mano. En las revistas de turismo se encuentran fotos de barcas, bicicletas, camellos, teleféricos y muchos otros medios de transporte, pero rara vez aparece un automóvil en una fotografía. Parecería que la sola imagen de un automóvil genera tensión o le quita encanto a un lugar de ensueño.

Las ciudades turísticas no deben temerle a restringir el uso del automóvil y el estacionamiento por la disminución que pueda haber de turistas que llegan en automóvil, o a que estos dejen el automóvil en grandes estacionamientos y posteriormente se movilicen en bus, taxi o bicitaxi. De no hacerlo, el problema de la congestión y el deterioro urbano será peor cada día y ahuyentará el turismo. En espacios peatonales de alta calidad aparecen establecimientos comerciales interesantes que incrementan su atractivo. No tenemos pirámides, ni la catedral de Notre Dame, pero podríamos tener en Barranquilla o Cali formidables alamedas peatonales de decenas de kilómetros rodeadas de inmensos samanes, por tramos bordeando los ríos Magdalena o Cauca, que París jamás podrá tener.

La mayoría de las ciudades colombianas ha adelantado proyectos para mejorar su calidad peatonal en los últimos años, inspirada de alguna manera en la experiencia de Bogotá: Cartagena volvió exclusivamente peatonal parte del centro; Medellín abrió la plaza Botero; Pasto hizo la plaza del Carnaval; Pereira hizo la plaza de Ciudad Victoria; Sincelejo y Florencia hicieron plazas; Zipaquirá hizo el Parque de la Esperanza; Bucaramanga, el Parque del Agua; Montería hizo un bello parque sobre el río Sinú; Arauca uno sobre el río Arauca; y Neiva está haciendo otro sobre el Magdalena; Santa Marta hizo un malecón hermoso sobre el frente de bahía en el centro; San Andrés hizo su paseo peatonal de la avenida Colombia; Ibagué volvió peatonal la carrera tercera; Manizales, Yopal y Sopó construyeron aceras; Villavicencio, ciclorrutas. Todos estas obras van a mejorar la calidad de vida y a hacer más democráticas esas ciudades y, además, van a hacerlas más atractivas a los turistas. Las ciudades y pueblos que más atraerán turismo en el futuro serán aquellos que más decididamente se conviertan en lugares amables para los peatones.

La ciudad: Una obra de arte colectiva

En nuestro tiempo, la teoría de Adam Smith sobre la economía de la libre empresa reina triunfante. Se considera que el Estado debe intervenir lo menos posible en el funcionamiento de la sociedad en general y la economía en particular. Adam Smith, que era un filósofo moral, descubrió que cada cual actuando de manera egoísta, en su propio beneficio, producía los mejores resultados para la sociedad: bienes de mejor calidad y a menor costo. Sin embargo el principio del egoísmo no necesariamente produce los mejores resultados. Si en un naufragio todos los sobrevivientes se aferran al bote salvavidas más cercano, lo hunden. La no intervención del Estado no funciona bien para el diseño urbano. Para un individuo puede ser racional utilizar el automóvil para ir al trabajo todos los días. Pero si todos los habitantes de una gran ciudad hacen lo mismo, se produce un embotellamiento general. No es posible permitir que los urbanizadores dejen las cesiones de espacio público que deseen o construyan hasta la altura que se les ocurra. En el diseño urbano es indispensable la regulación del Estado. Y lo fascinante es que el gobierno debe fijar normas que, en muchos casos, no tienen justificaciones objetivas. No es posible por ejemplo, probar que una acera de 10 metros es mejor que una de 3 metros. Son decisiones subjetivas de la colectividad, una especie de creación artística de la sociedad, que refleja sus valores y aspiraciones, pero que claramente exige la regulación estatal. La realidad es que las ciudades colombianas hoy están lejos de ser esas que soñamos, surcadas por vías peatonales, andenes amplios y ciclorrutas en todas las vías, con plazas, parques y campos deportivos y tiendas cercanas a todas las viviendas. Por ejemplo, casi todos los niños colombianos, y buena parte de las niñas, juegan fútbol. Debería haber una cancha de fútbol a menos de 10 cuadras de cualquier vivienda. Y la realidad es que, prácticamente, no hay canchas de fútbol en nuestras ciudades.

El resultado de la urbanización hecha por particulares deja mucho que desear, especialmente la hecha en los últimos 30 años. En Bogotá, los mejores proyectos urbanísticos han sido hechos por entidades estatales o semiestatales; es el caso de Ciudad Tunal, Ciudadela Colsubsidio, el Recreo y el Porvenir de Metrovivienda, Ciudad Salitre y Pablo VI, entre otras. Los particulares no sólo no han integrado varios predios para hacer proyectos con grandes espacios públicos sino que, por el contrario, se las han ingeniado para subdividir sus predios en pequeños bloques, para dejar unas zonas de cesión muy pequeñas, diseñadas generalmente con el propósito de que sean encerradas y privatizadas ilegalmente. En las ciudades europeas el diseño urbano siempre está a cargo del Estado y la urbanización de nuevos terrenos siempre se hace en terrenos de propiedad pública o con un gran control del Estado. En Colombia es urgente adelantar una gran reforma urbana para que los terrenos alrededor de las ciudades no sean instrumentos de especulación y sea posible diseñar ciudades bien hechas, con grandes cesiones de parques y espacios públicos.

Entre más indispensable sea un servicio público, más insatisfacción produce no tenerlo y viceversa. Si abrimos la llave y no sale agua, eso nos produce mucha insatisfacción; pero si la abrimos y sale agua, no nos produce mayor cosa en términos de felicidad. Lo mismo ocurre con una vía en mal estado: genera insatisfacción, pero tenerla en buen estado no produce placer o, por lo menos, no un placer perdurable. En cambio el parque, la vía peatonal, la plaza, el malecón y en general el espacio peatonal de calidad, no es solicitado por la población y menos aún reclamado con vehemencia. Pero cuando lo tenemos no cesa de producir satisfacción, hora tras hora, día tras día, año tras año, década tras década. Haciendo salvedad a los casos de extrema pobreza, en los entornos urbanos una vía peatonal o un parque pueden proveer más satisfacción que incrementos significativos en los niveles de ingreso y consumo individual. Eso lo habrá sentido cualquiera que viva en un apartamento con vista a un parque.

Capítulo IV
La importancia de la ética en el espacio público:
Ética cívica o ética de mínimos desde la perspectiva
De la ciudad

Leticia Santín[*]

Las reflexiones que se presentarán en este taller se plantearán en dos vertientes: una de carácter teórico, donde las ideas se desprenden particularmente del tema sobre la importancia de la ética en el espacio público desde la perspectiva de la ciudad. La otra se orientará hacia las reflexiones sobre algunas experiencias participativas y deliberativas de regeneración del espacio urbano, de fragmentación o privatización de lo público, en suma, de lógicas de actuación de y entre gobernantes y gobernados, en espacios urbanos mexicanos. Algunas de estas experiencias representan formas de considerar el espacio público para la ciudad, mediante una construcción de ciudadanía y de vida comunitaria, como parte medular de la redefinición del espacio público y de la agenda de las ciudades. El análisis apunta a tratar de señalar cómo, con base en la lógica de los derechos humanos en que se fundamenta la democracia, se pueden generar una serie de procesos de transformación para la inclusión de los que habitan las ciudades, en aras de fortalecer una ética cívica o de mínimos para el espacio público, desde la perspectiva de la ciudad.

Se parte de dos premisas:

I. Los retos de pensar la ciudad desde el concepto de espacio público requieren redefinir este concepto, así como establecer los alcances de una ética cívica o ética de mínimos en sociedades plurales y complejas en espacios urbanos.

---

[*] Investigadora y Secretaria de la Red de Investigadores en Gobiernos Locales Mexicanos, A.C. (IGLOM). Directora de Ágora, Gabinete de Análisis e Investigación para el desarrollo, S.C.

II. A través de diversas experiencias urbanas mexicanas, hay evidencias suficientes para acercarse a conocer cómo en el encuentro de los espacios públicos, los ciudadanos, los gobernantes, las organizaciones sociales, las organizaciones no gubernamentales, el sector privado y los grupos de expertos, se esfuerzan por reivindicar y redefinir los límites entre lo público y lo privado, para tratar de solucionar los diversos problemas que se manifiestan en los espacios urbanos, en ciudades y en grandes ciudades.

La idea del ámbito público en el debate académico se encuentra en redefinición, reinvención o en su nuevo fortalecimiento en sociedades complejas y diferenciadas. Para conocer los alcances básicos de la redefinición del ámbito público, es importante partir de tres criterios normativos tradicionales, que nos permiten ubicar las diferentes formas de construir la distinción entre público y privado[1]. Éstas son:

1. La primera distinción se presenta entre *colectivo, común y general*, versus *individual y particular*. El ámbito público se refiere al interés común o colectivo, que es de utilidad general de todos, frente al ámbito individual y de interés particular. Lo público designa lo que concierne a todo el pueblo o a la comunidad, por tanto, es una referencia a la autoridad colectiva.

   En este sentido, el adjetivo *público* se convierte en sinónimo de político en su doble dimensión: tanto político-estatal como público político no estatal; dicho de otra manera, lo estatal y lo cívico comunitario. Esto último, considerado desde el terreno de las políticas públicas, induce la referencia a que "lo gubernamental es público, pero lo público transciende lo gubernamental"[2].

2. Su segundo criterio es *la visibilidad* versus *el secreto u ocultamiento*. Se dice que alguna cuestión "ya es pública", porque es sabida o conocida. Aquí se recupera la noción moderna de publicidad o visibilidad y, por tanto, de la responsabilidad del poder, así como la responsabilidad pública y social.

---

1 Las referencias a esta distinción están tomadas de Nora Rabotnikof , *Público y privado*, en Léxico de la política, FLACSO/FCE, 2000. En *Pensar lo público desde la ciudad*, en Espacio público y reconstrucción ciudadana, Ramírez Kuri, P., (coord.), Flacso/Porrúa, México, 2004.

2 Aguilar, Luis F., *Estudio de las políticas públicas*. México: Porrúa, 2ª edición, 1996, página 32.

3. El tercer criterio es que lo público designa *la apertura, lo accesible*, en oposición a *la clausura*, lo que se sustrae a la disposición de otros. El sustantivo de "el público" apela al conjunto de los que se benefician de la apertura, por ejemplo, de los lugares públicos como plazas, calles, y otros lugares abiertos.

Estos criterios de distinción pueden combinarse y muestran que la noción de lo público tiene diferentes connotaciones.

Ahora bien, si pensamos que con el *apelativo de público* calificamos un *espacio*, los significados de *espacio público* son muy heterogéneos. El espacio público está relacionado con disciplinas como la sociología urbana o la comunicación. Se trata de un concepto normativo que es importado a las ciencias sociales para poder reformular el espacio público desde la perspectiva de la ciudad, a partir de varias miradas. Con base en los tres criterios mencionados, pueden darse diversas maneras de pensar el *espacio público*. Aquí, establecemos algunas de ellas:

El espacio público que aparece como lo común, lo colectivo y lo general invoca a las actividades públicas relacionadas con las instituciones del Estado, al poder público y su distribución territorial o, también, a lo cívico comunitario que trasciende lo gubernamental, donde se procesan interlocuciones de diversos actores ciudadanos y gobernantes en la arena política. Esto puede, a la vez, estar relacionado con la gobernabilidad democrática, la responsabilidad pública y política, la construcción y ejercicio de ciudadanía, la participación cívica activa y la responsabilidad social; o bien, como el espacio de la descentralización o el espacio de la pluralización de lugares de comunicación política.

Desde el criterio de la visibilidad, el espacio público recupera la dimensión de la publicidad como rendición de cuentas o *accountability;* en el ejercicio del poder mediante la responsabilidad, la eficacia y la eficiencia de las entidades de gobierno, así como con la accesibilidad, se relaciona con asuntos de legitimidad democrática. En este mismo sentido, puede situarse desde la perspectiva de la crítica al Estado, de hace varias décadas, donde el tránsito de lo público-político-estatal a lo público-político-no estatal, concibe al espacio público como instancia de mediación entre el gobierno y la sociedad civil. Pero, también, en este tránsito hacia la comunidad y a la vida comunitaria que trasciende lo gubernamental, la esfera pública puede entenderse como espacio donde se gestan movimientos sociales y formas de autoorganización social, formando esferas públicas autónomas.

La idea de apertura opuesta a la de clausura o a la no disposición a los otros habla tanto de las crisis de la relación ciudadana con el espacio público, donde ciertos sectores buscan la protección o distinción de un espacio urbano y su no disposición a otros, o bien, en contrapartida, de su recreación e integración a partir de políticas, programas y proyectos dentro de las funciones que deben desempeñar los gobiernos locales, el sector privado y los organismos sociales, con el afán de contribuir a regenerar y crear ciudad para el colectivo que las habita.

Las diversas connotaciones de espacio público, considerando los límites entre lo público y lo privado en la redefinición o reinvención del espacio público, forman parte de lo que se entiende por política. Por tanto, como tal, nos permite establecer la relación del espacio público con la ética pública y la ética cívica, entendidas como un *hacerse colectivo*. Esto es, un proceso en el que la colectividad y los individuos van generando pautas de conducta y aquel "carácter" [ética] que permite un mejor desarrollo de la convivencia y una mejor expansión de la autonomía y la libertad del ser humano[3] .

Al mismo tiempo, pensar en estas diversas formas de manifestación del espacio público permite entender cómo un proceso de gobernanza o gobernación, mediante el cual los actores de la sociedad deciden sus objetivos de convivencia y las formas de coordinarse para realizarlos, da paso a la idea de organizar a la sociedad con y sin el gobierno. Al respecto, para definir cuál es la importancia de la ética en el espacio público y cómo ésta puede pensarse desde lo urbano o desde la ciudad, este documento trae una importante idea, que concuerda con la de Gabriel Murillo cuando dice que:

> "Es posible afirmar que *la esfera pública* en la cual convergen *las acciones y actitudes de los actores políticos que materializan la interlocución como gobernantes y gobernados*, se constituye en receptáculo de esa nueva fuerza. Ésta es el producto de *nuevas conductas* por parte de los actores en ambos contextos."[4]

---

3   Villoria Mendieta, Manuel. *Ética pública y corrupción: cursos de ética administrativa*. España: Tecnos/Universitat Pompeu Fabra, 2000.

4   Murillo, Gabriel y Pizano, Lariza. *Deliberación y construcción de ciudadanía. Una apuesta a la progresión democrática a comienzos del milenio*. Bogotá: Universidad de los Andes/Kettering Foundation, 2003, página 57.

Por tanto, ¿es viable que un espacio público pueda nutrir su fuerza con base en una ética pública? ¿De qué manera? No cabe duda que la respuesta es afirmativa; el asunto es preguntarse qué tipo de valores y conductas se requieren de los ciudadanos para nutrir el espacio público como nueva fuerza.

La experiencia del pluralismo en nuestras complejas sociedades modernas genera una ética cívica, aún en construcción, que consiste en el mínimo de valores y normas que los miembros de una sociedad comparten, más allá de sus particulares concepciones de vida buena en lo religioso, político, filosófico o cultural. La ética cívica o ética de mínimos permite comprender que la convivencia de concepciones diversas es fecunda y el pluralismo es posible, porque los diversos sectores han llegado de *motu propio* a la convicción de que hay valores y normas a los que una sociedad no puede renunciar[5].

Varias son las convicciones que están relacionadas con una visión mínima o una ética cívica de mínimos:

a. La ética cívica nace de la convicción de que los individuos somos ciudadanos y, por tanto, es la que nos obliga como ciudadanos. Como tales, tanto hombres como mujeres somos capaces de tomar decisiones de manera autónoma. La ética cívica sólo es posible en una forma de organización política donde exista claramente una comunidad política constituida por ciudadanos.

b. La acompaña, también, una noción de igualdad que no significa igualitarismo, sino lograr para todos *iguales oportunidades* de desarrollar sus capacidades. Todos son iguales en cuanto autónomos y en cuanto capacitados para ser ciudadanos.

c. Los derechos humanos forman parte de una ética cívica y, en democracia, el conjunto de derechos humanos es su fundamento, forma parte de los individuos y de los ciudadanos, concretándose en las distintas generaciones de valores de libertad, igualdad y solidaridad.

d. Para ejercer una ética cívica, se requiere de los ciudadanos una tolerancia activa y no pasiva, pues con la activa es posible construir proyectos, así como respetar aquellos proyectos ajenos por el hecho de tener valor, aunque no se compartan.

---

5   Cortina, Adela. *La ética empresarial en el contexto de la ética cívica*, en Ética de la empresa, Madrid: Ed. Trotta, 4ª ed., 2000, páginas 35-50.

e. A su vez, la idea de tolerancia activa está relacionada con la ética del diálogo. Junto con los otros valores mencionados, es conveniente potenciar la actitud o *ethos* dialógico a la hora de intentar resolver conflictos y buscar soluciones, ya que permite la formación de *nuevas conductas* en la interlocución entre gobernantes y gobernados, como actores involucrados en asuntos públicos o de interés común para la dimensión político estatal, cívico comunitaria o de vida comunitaria.

Al establecer los alcances básicos de una ética cívica de ciudadanos, sus componentes valorativos y normativos deben ser valorados y considerados por todos los miembros de una comunidad política. Por ello, para la formación de una ética cívica o de mínimos en los espacios públicos de las ciudades, los actores involucrados en procesos de gestión, interlocución, de conflicto o negociación en el espacio urbano, requieren crear las condiciones para el ejercicio práctico de nuevas conductas y acciones con base en los mínimos cívicos, de modo que sea posible generar una cultura cívica y cultura política democrática en la interacción entre gobernantes y ciudadanos y entre ciudadanos, lo cual pueda convertirse en rutinas democráticas en las ciudades.

Basados en estos aspectos teóricos de una ética de mínimos para el espacio público en los centros urbanos, encontramos que, en la actualidad, muchas ciudades de América Latina, como las de México, viven procesos vertiginosos de profundas transformaciones y se encuentran sometidas a dialécticas de construcción y destrucción, de fragmentación y de integración, de debilitamiento o de fortalecimiento de la vida comunitaria y de las instituciones que forman parte de una ciudad. Estas lógicas contradictorias están planteando numerosos retos y oportunidades, particularmente, desde el espacio público, visto desde la perspectiva *de un hacerse colectivo,* donde individuos y grupos van construyendo sus pautas de interacción e interlocución con conductas y actitudes que dan pie a una mejor convivencia y calidad de vida en las ciudades.

En las ciudades de México, existe de un abanico de problemas no resueltos, que parten desde la desigual distribución de los bienes y servicios urbanos, donde la lógica del mercado prevalece, generando mayores desigualdades sociales. Hay graves problemas ambientales en las grandes ciudades, que hacen difícil una gestión regional metropolitana. También, numerosos reclamos por la inseguridad, la falta de empleo y de oportunidades, unidos a los reclamos por mayores recursos públicos para mejorar las condiciones de vida comunitaria, así como también una tendencia a la privatización de los espacios públicos por sectores sociales medios y altos o de sectores empresariales que, bajo la supuesta lógica de la utilidad, imponen su sesgo de clase en los criterios de urbanización, acrecentando más la fragmentación y segregación de los habitantes de las ciudades. Ante esta serie de problemas, las repuestas de los ciudadanos y/o de los gobernantes en los espacios públicos son múltiples y variadas. Así, desde la perspectiva de revalorar a las ciudades desde sus espacios públicos, hay evidencias de una diversidad de prácticas de participación y deliberación ciudadana.

Entre ellas, comienzan a darse prácticas que promueven los rezagos de la planeación urbana a través de la planeación estratégica o participativa entre gobierno y ciudadanos, en un intento por avanzar hacia la sustentabilidad de las ciudades; también, se encuentran proyectos participativos de desarrollo económico local o de mejoramiento de barrios, programas de presupuesto participativo o programas co-gestivos para una vivienda digna, de educación cívica para el mejoramiento del medio ambiente, hasta la defensa y recuperación de los centros históricos, de plazas y calles. Asimismo, hay prácticas para revitalizar los instrumentos y mecanismos de la participación ciudadana, como los consejos de participación ciudadana, las asociaciones de vecinos, comités sectoriales y comités temáticos, entre otros, mediante el uso de las reglas democráticas. Además, se registra el uso del espacio público para manifestarse en contra de la delincuencia y la inseguridad pública en marchas multitudinarias en las calles del primer cuadro de la ciudad capital. En estas experiencias, se involucran diversos sectores de la sociedad: privado, público y social.

En términos generales, lo interesante para destacar en estas prácticas es el efecto de redimensionar las funciones de los gobiernos locales, los partidos políticos, las organizaciones sociales y la participación del sector privado, en acciones colectivas de cooperación y solidaridad, con actitud de diálogo y tolerancia activa, de defensa de derechos humanos y con igualdad de oportunidades. Lo anterior, como reflejo de una ética cívica o de mínimos que, en suma, propicia no sólo una relación ética y política en la construcción y ejercicio de ciudadanía y en la interlocución entre actores políticos, sino también en la manifestación de la redefinición de criterios normativos del espacio público al darle prioridad al interés colectivo, a la realización de programas y planes visibles y viables para todos, para ser apropiados como algo que concierne a la comunidad. Igualmente, su accesibilidad para el control de la gestión de los mismos, como parte de la corresponsabilidad que adoptan los implicados, todo lo cual reporta un fortalecimiento de los derechos y deberes cívicos, tanto políticos como sociales.

Sin embargo, a pesar de estas buenas prácticas de gobierno y de ejercicio de ciudadanía en los espacios públicos de las ciudades mexicanas en ellas, en contrapartida, persisten lógicas basadas en el clientelismo partidista, en la complicidad y mal uso o torcimiento de la legalidad vigente, que propician escenarios de exclusión en el espacio público. Este tipo de prácticas genera conflictos sociales o políticos, desconfianza y falta de credibilidad, así como contextos de incertidumbre entre los actores, en los procesos de gestión pública y en el marco político de la institucionalidad democrática.

Casos como la privatización de lo público mediante espacios exclusivos, controlados y vigilados de calles, parques y colonias por parte de miembros de clases medias o altas, son fenómenos de "condominización de la ciudad", en los que se violan normas de usos de suelo, trastocando los recursos de los instrumentos jurídico-urbanos para garantizar la propiedad privada. Igual sucede con la proliferación de construcciones de centros comerciales o plazas corporativas. También, está el uso indebido de las calles de zonas céntricas por puestos ambulantes, amparadas por los gobiernos locales o estatales como parte del uso clientelar del espacio público a cambio de apoyos políticos, o bien la apropiación de terrenos, que son disfrazados como movimientos sociales urbanos. Existen diversas zonas intransitables de ciudades del país, debido a que son territorio de nadie y están dominados por el narco menudeo, el contrabando y el robo, lo que es una especie de seudo comunitarismo defensivo o la nueva ética de "sálvese quien pueda". Todos estos eventos muestran la disputa por el control simbólico, político y social de los espacios urbanos, que son nuevas o viejas formas de secreto y que contribuyen a sostener el interés particular sobre el colectivo, generando una mayor descomposición del tejido social y la segmentación de las ciudades.

En dos lógicas se debate el espacio público en las ciudades. Entre la creación o recuperación de experiencias de construcción ciudadana y de vida comunitaria al redefinir el uso del espacio público, así como en la lógica de la fragmentación, la exclusión o la privatización de lo público.

En México, como en América Latina, a pesar de nuestras frágiles democracias en sociedades complejas y modernas, todos mandamos en ciertos ámbitos y obedecemos en otros. En el espacio público, que forma parte de lo que se entiende por política, se pueden manifestar una serie de actitudes y acciones propias de una ética cívica. Así, es posible combinar en el espacio público una ética de mínimos con la política, teniendo en cuenta que la primera se manifiesta en el «aquí y el ahora» y, la segunda, dada su naturaleza, se da en largos plazos.

En nuestras sociedades, la ética de mínimos puede ser expresada en el «aquí y el ahora», lo cual coloca a cada individuo frente a sus obligaciones sociales y responsabilidades. Y, en el ámbito de la política, que necesita de la complicidad y apoyo de los otros, se necesita convencerlos de participar de determinadas reformas, proyectos y acciones de interés público, ya que lo que busca la política es mejorar las instituciones, por lo que admite el largo plazo[6]. Aunque son distintas la una de la otra, la ética como reflexión sobre la libertad, lo que queremos y los valores, brinda un marco necesario para las expectativas de los políticos, relacionando los ideales políticos con los ideales morales más generales de la sociedad, especialmente en los aspectos colectivos. De modo que, pensar la ciudad desde el espacio público y el potencial que éste encierra para las ciudades como lugar de la política, como participación en los asuntos de interés público, nos habla de los numerosos retos y desafíos que tenemos para construir un ejercicio ciudadano, entendido como estatuto igualitario, para poder ejercer derechos y deberes cívicos, políticos y sociales, y para construir una sociedad urbana que valore la vida comunitaria.

Entre las posibles rutas, más que soluciones, en aras de fortalecer una ética cívica o de mínimos para el espacio público desde la perspectiva de la construcción de ciudades incluyentes y participativas, este texto arroja las siguientes reflexiones:

- Hay que mantener y seguir reinventando al espacio público como espacio de negociación, de nuevas oportunidades de gestión y acción pública, de conflicto y de posibilidad de resolución, de participación, de reconocimiento y tolerancia activa, de interlocución y de diálogo.

- En estos espacios, se necesita apelar a una ética de los mínimos, una ética cívica, y generar confianza, capital social y credibilidad en las experiencias de participación y deliberación para la implementación de acciones de gestión pública corresponsables y de co-gestión, gobierno y ciudadanía, reforzando los vínculos entre gobierno y ciudadanía, y haciendo nuevas alianzas con las organizaciones ciudadanas sinceramente comprometidas con la democracia.

---

6   Savater, Fernando, *Ética, política, ciudadanía.* México: Ed. Grijalbo, Raya en el Agua y Causa Ciudadana, 1998.

- Es importante impulsar transformaciones en las actitudes y prácticas sociales de los distintos actores que intervienen en la vida pública, orientadas a actuar en torno a propósitos comunes.

- Avanzar en la generación de propuestas desde las instituciones públicas y el resto del entramado democrático, poniendo al día a las instituciones y al debate público con *agendas actualizadas para las ciudades,* mediante rutas para reforzar la democracia participativa y deliberativa; entre ellas, estrategias metodológicas para promover la participación y deliberación ciudadana con explícita orientación sobre los mínimos de una ética cívica, para fortalecer la calidad de la implicación ciudadana y de la cultura democrática.

- Propiciar la planeación estratégica o participativa, los procesos de capacitación, programas de educación cívica en lo local, poner en marcha programas de presupuesto participativo, incentivar el desarrollo comunitario desde los barrios, incorporando a la comunidad y a las asociaciones de vecinos, propiciar la formación de redes plurales con planes, programas y proyectos que den pie a diagnósticos sobre problemas y su priorización, que midan metas, identifiquen responsabilidades y se compartan, entre y con los ciudadanos, los logros para aprender a valorarlos.

- Es central la manera en la se conciba lo público y la planeación democrática en el espacio urbano local, por lo que cobra especial relevancia el papel de las instituciones, los ciudadanos y autoridades locales.

El reto es lograr que los atributos y las condiciones del espacio público local se traduzcan en profundas relaciones democráticas entre los actores que intervienen en la vida pública, para construir en las ciudades una cultura cívica común frente a la relación entre espacio público, ciudadanía e instituciones.

Capítulo V
Hacia el urbanismo social:
El caso de Medellín

Alejandro Echeverri[*]

En el Plan de Desarrollo actual de Medellín se han definido los temas de espacio urbano, espacio público y movilidad, como algo fundamental para la ciudad. Los Proyectos Urbanos Integrales (PUI) han sido la estrategia de soporte que acompaña las grandes inversiones de infraestructura actuales y de administraciones anteriores, y han permitido la implementación de nuevas figuras de gestión en las que se delegan personas responsables de gerencias definidas de acuerdo a territorios específicos de la ciudad, para combinar grupos técnicos con mecanismos de gestión transversal que enlazan las acciones físicas con las señaladas como intangibles o blandas (sociales).

Adicionalmente, el tema del espacio público en la ciudad se ha manejado acogiendo y adecuando el modelo de políticas, como las de Bogotá, a la situación local. En este sentido, la decisión política ha sido indispensable para definir cualquier proyecto que aspire a cambiar la cultura y el comportamiento en la ciudad.

El Plan de Desarrollo de Medellín se ha definido como un espacio para el encuentro ciudadano. Uno de sus temas centrales es el de la movilidad versus el conflicto que existe entre el peatón y el vehículo, y cómo este dilema en las ciudades colombianas es punto clave para quebrar una serie de hechos culturales que están inscritos en el comportamiento de la ciudad. De allí que el espacio de la calle sea uno de los elementos más importantes para la Alcaldía de Medellín y, para trabajar sobre este elemento, semanalmente se ofrecen escenarios de intercambio en lugares públicos. También, se propicia el intercambio a través de los medios de comunicación, pues es en este escenario donde pueden contrastarse los proyectos que se están desarrollando en la ciudad. Para ello, se utiliza un lenguaje distinto al político, de manera que se facilite la discusión y

---

[*] Director de Proyectos Urbanos Estratégicos. Empresa de Desarrollo urbano, EDU, Alcaldía de Medellín.

la comprensión. Por otra parte, la corresponsabilidad y la participación son conceptos sustanciales dentro de la política de los proyectos urbanos, y por esto se busca involucrar a diferentes sectores del municipio para participar en los proyectos de la ciudad, sobre la comprensión de que es necesario lograr un alto nivel de credibilidad para poder comprometer a la comunidad, a la empresa privada, a las agremiaciones, a las ONG y a otro tipo de fuerzas. En ese campo, se sitúan los esfuerzos de la Alcaldía de la ciudad.

Existen tres elementos básicos que llevan a definir la estrategia urbana y lo relacionado con el espacio público. Estos responden a tres preguntas: *dónde, cómo y quién*. La primera incluye los criterios de selección de los lugares para intervenir en la ciudad, la segunda alude a los instrumentos, mientras que la tercera hace referencia a los actores que se inscriben en los proyectos ciudadanos. La decisión del lugar es fundamental porque también es una apuesta política ideológica que busca la equidad social. En Medellín, los proyectos se trabajan en diferentes sectores de la ciudad, pero el grueso de los recursos del Plan de Desarrollo se está invirtiendo en *dos sectores*: en *el centro*, porque es un foco estratégico de desarrollo social y económico, y comprende una serie de complejidades y potencialidades importantes; y en *los barrios de ladera* del norte de la ciudad, designados como las comunas. Para adelantar los proyectos en estas áreas, se realizó una labor cuidadosa en lo referente a los indicadores de calidad de vida, que sirviera de soporte para tomar las decisiones de inversión.

En *el centro* de la ciudad, la Alcaldía se ha esforzado en conectar los grandes proyectos, equipamientos y edificios institucionales a través de los ejes simbólicos de referencia, como lo son las calles y las avenidas principales. Así, la estrategia del centro de la ciudad en materia de espacio público consiste, básicamente, en la conformación de una red de calles y paseos urbanos de gran calidad. En ese sentido, se halla la responsabilidad absoluta de la Secretaría de Tránsito para reestructurar lo referente a la carga del transporte público del centro, hoy caótica y anárquica, para comenzar a intervenir y recuperar andenes que logren equilibrio en la relación peatón-vehículo. En lo atinente a *los barrios*, se ha hecho una apuesta grande en el plan de bibliotecas, con el cual se busca construir bibliotecas–parque que sean, sobre todo, centros de desarrollo integral que alberguen comercio, servicios culturales, centros de desarrollo empresarial y biblioteca, enmarcados siempre en una oportunidad importante de parque. Para este proyecto, se llevó a cabo un estudio de déficit sobre el cual se pudieran potenciar instituciones educativas en el entorno, por lo cual la localización de las cinco grandes bibliotecas, cuya construcción está realizándose por concurso público, es fundamentalmente en los barrios periféricos de la ciudad. Todas estas acciones se enmarcan en La Estrategia de Mejoramiento Integral, basada en los Proyectos Urbanos Integrales (PUI), a través de la cual se aplican todos los instrumentos del desarrollo (tangibles e intangibles) en un territorio de ciudad definido, de forma planeada y con una estructura de gestión clara. El soporte de esas intervenciones siempre es el espacio público, pero también entran temas como equipamientos de servicios, reubicación y legalización, transporte público, mejoramiento de la calidad educativa (con el programa de mejores colegios y escuelas), restaurantes escolares, etc. Para su gestión, se han definido las gerencias de Proyectos Estratégicos, que coordinan los grupos técnicos y sociales.

En cuanto al *cómo*, interviene la estructura de gestión: ¿cuál es la estrategia y la visión ideológica y política que tiene un gobierno para intervenir la ciudad? También, entra el tema de lo tangible y lo intangible, ¿cuánto de físico y cuánto de gestión social y cultural? Entre los dos debe haber un matrimonio indisoluble, pero hay que aceptar que, en ciertos momentos, resulta más efectivo iniciar con uno de los dos componentes e inmediatamente continuar con el otro. Un elemento importante es la participación como expresión local y como validación de la sostenibilidad de los proyectos. Igualmente, es estratégico hacer frente al conflicto entre el transporte público, el vehículo particular, y los diferentes tipos de movilidad (como el peatón y la bicicleta), pues la sustancia del espacio público está en las calles y los parques. Al llegar a los barrios populares, se observa un espacio subutilizado en las calles, de manera que redefinir secciones viales, priorizar los andenes, y ajustar las terminales informales de rutas y buses localizadas en centros de actividad de los barrios, genera una reacción conflictiva y caótica. Esa lucha es fundamental ya que es imposible hacer una intervención importante en el espacio público de la ciudad, sin previa reorientación y regulación de las rutas de transporte. Para esto, se han diseñado los anillos viales que complementan al Metro y al Metroplus, y que ayudan a regular el tráfico a través del transporte público en la ciudad.

Cada ciudad debe definir cuáles son las vías y estructuras de gestión que posibilitan desarrollar determinado tipo de proyectos y, desde esa perspectiva, con referencia al *quién*, algunas de estas estructuras resultan coyunturales mientras que otras deben ser institucionalizadas. En Medellín, se ha utilizado la figura de la Empresa de Desarrollo Urbano, EDU, una empresa industrial y comercial del Municipio, concebida como apoyo fundamental para la Secretaria de Planeación. La EDU es el soporte institucional de todos los grupos técnicos y de ejecución de los Proyectos Estratégicos y por ello posee mayor flexibilidad. El alcalde es quien revisa los proyectos y los mecanismos de gestión y de soporte, definidos por la Empresa de Desarrollo Urbano y las gerencias de proyectos estratégicos, coordinando continuamente reuniones transversales con todas las secretarías implicadas. A partir de esa estructura institucional, se ha venido desarrollado tanto el componente físico como el social, de forma tal que el equilibrio de ambos factores depende de la estructura de funcionamiento de la gestión: la Alcaldía y las secretarías implicadas como complemento transversal en las políticas de los proyectos urbanos integrales, y el soporte institucional que está a cargo de la Empresa de Desarrollo Urbano, regulando las gerencias que actúan territorialmente.

Geográficamente hablando, Medellín está situada en un valle muy estrecho rodeado por montañas y está atravesada por un río que forma pendientes bastante inclinadas en ambos costados, en donde se han conformado las comunas (zonas de violencia). Considerando estas características, los proyectos del centro de la ciudad relacionados estrictamente con el espacio público a través de la red de calles y paseos, no sólo están vinculados con las zonas periféricas de las partes altas de la ciudad, sino también con su conexión a transportes de mediana y alta capacidad. De este modo, dentro de los proyectos de transporte urbano, estaciones de metro como la de San Javier, la del Cerro de Santo Domingo y la del parque La Quintana, se han convertido en focos de desarrollo urbano a partir de los PUIs y del programa de parques-bibliotecas. También, se ha diseñado el Metroplus, concebido como un sistema de transporte de mediana capacidad, similar a Transmilenio, que funcionará como red de expansión complementaria al Metro y, como complemento al programa que busca mejorar la educación, se ha creado el *tiquete escolar* para estratos 1 y 2, con el objetivo de que los estudiantes se transporten pagando un valor menor al normal. Desde luego, estas inversiones buscan responder a las características de lugares de la ciudad en donde los índices de calidad de vida y de desarrollo son menores.

Mapa 1

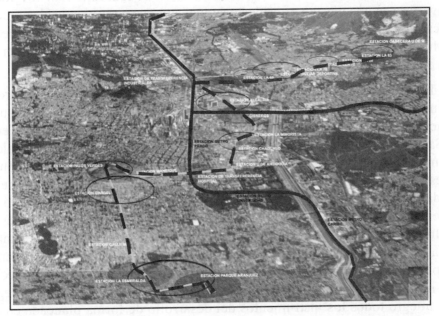

Como se observa en el *Mapa 1*, el Metro (indicado con línea continua) abarca gran parte de la ciudad y es complementado por el Metroplus (indicado con línea discontinua). Éste atraviesa el centro de la ciudad por el costado occidental y va hasta la Universidad de Antioquia. El primer corredor de Metroplus está localizado en un barrio popular y en la calle 45, que es el eje de actividad más importante de la comuna nororiental. Según el sector, se permite a las secciones viales ser más generosas, pasando por barrios populares y dándole prioridad al transporte público.

De otro lado, el tema de intervención en el centro de la ciudad tiene diferentes componentes y, para conseguir que el plan de acción sea integral, se ha considerado que debe incorporarse la figura de la gerencia. Así, el gerente del centro lidera actualmente un plan con la Secretaría de Solidaridad, para cubrir el tema de los indigentes y el comercio, al tiempo que se están complementando otros planes que ya funcionaban en la ciudad. En Carabobo, calle histórica de la ciudad, se ha pretendido la regulación de rutas por medio de los anillos de tránsito. Esto funciona con el sistema de transporte público tradicional de la ciudad y el objetivo, en este caso concreto, es lograr que el número de viajes se reduzca a la mitad, creando la posibilidad de reorientar el tejido interno de las calles del centro de la ciudad. La transformación de esta calle está dirigida a convertirla en una vía con prioridad peatonal, aunque permitiendo el cargue y descargue durante algunos horarios (*Ver Imagen* 1). El eje de Carabobo conecta el Museo de Antioquia con la intervención que se realiza en la plaza de Cisneros, con el edificio Vásquez y Carrique, y con el centro administrativo.

El Proyecto Urbano Integral del norte se enfoca en el entorno de las áreas de influencia del Metrocable. En la pendiente (*ver Imagen 2*), se ubican tres estaciones: Andalucía, Popular y Santo Domingo, las cuales suben hasta el Cerro de Santo Domingo. Esta es una inversión muy grande de la ciudad, que la Alcaldía acompaña con el proyecto urbano integral "Acciones con mi barrio", en donde se están invirtiendo entre 35 y 40 mil millones de pesos en un sector de la ciudad que afecta aproximadamente a 150 mil personas. Este proyecto se potencia y apalanca con la construcción de la gran infraestructura que es el Metrocable. Así, la inversión en el suelo permitió que dos poblaciones antes aisladas se cruzaran, y que las personas de dichas comunidades se sintieran propietarias y orgullosas de pertenecer a la ciudad. Nunca antes se había hecho una inversión de tal magnitud en un barrio popular, basándose en una estrategia que integró todos los instrumentos del desarrollo de forma planeada en un territorio definido. Actualmente, el impacto de ensoñación y referencia, que trasciende a la esfera de la gente, ha cambiado la mentalidad al lugar y, con el apoyo de políticas de reinversión, en los últimos años se han conseguido reducir los indicadores de muertes en el sector en un 85%.

Imagen 1

Imagen 2

Hacia los años 50, Medellín se fue urbanizando de forma planeada en las partes bajas, pero de manera informal en la parte alta. Y, desde los años 70, ya no quedaba ningún lugar vacío en estas partes de la ciudad. Por ello, el proyecto de la Alcaldía busca combinar diferentes estrategias, en donde el tema del espacio público se convierte en el elemento de soporte. A continuación, sólo se mencionan algunas de ellas. Así, actualmente se intervienen los parques, comprando algunos predios seleccionados, pero sobre la comprensión de que la sustancia del espacio público está dada en las calles y en las cuencas de las quebradas. En cada estación de Metro (Andalucía, Popular y Santo Domingo), hay una filosofía distinta de múltiples intervenciones pequeñas que ligan la recuperación de las calles con el tema de los nacimientos de agua. En los tres barrios, se definieron características específicas y se realizó la planeación de caminos, pues 30 km pertenecían a calles y 20 km a caminos autoconstruidos que no figuraban en los planos de la ciudad. Igualmente, en estos sectores, se dio la reorientación de las rutas de transporte, con la intención de integrarlas a Metrocable y redefinir las terminales de ruta.

Imagen 3

En las calles de los barrios de ladera, es común encontrar secciones viales de 3 y 4 carriles subutilizadas, convertidas en espacio público de la gente (*ver Imagen 3*), e inclusive en parqueadero de buses. Por la misma razón, si algo tiene sentido en los barrios populares es el espacio público para la gente que genera la posibilidad equitativa de calidad de vida y movilidad.

También, se compraron algunas viviendas para hacer un parque público frente a la estación de Metrocable. En él, la política de ocupación del espacio público es estacional, buscando que, de manera organizada, se puedan realizar eventos durante los fines de semana (*ver Imagen 4*).

Imagen 4

Otro tema importante en este sector del Metrocable es el agua. En la estación Popular hay 18 nacimientos de agua. Hace 20 años, la zona carecía de acueducto y la gente vivía de esos nacimientos. En la actualidad, existen sistemas de paso de agua que conectan una calle con otra y son intensamente utilizados por la comunidad, inclusive para usos recreativos, como piscinas (*ver Imagen 5*); la gente continúa identificando muchos de estos lugares como sagrados. Así, para definir la intervención pública en el área, se ha optado por realizar talleres colectivos de discusión con los miembros de la comunidad, para identificar estos sitios y definir el uso que se les va a dar.

Imagen 5

Imagen 6

Otras áreas de intervención están en zonas de riesgo por desbordamientos, como las de la comuna nororiental, propicias para el desplazamiento. Casos como el de la quebrada Juan Bobo han llevado a planificar para reubicar gente, aunque es escasa la inversión que puede destinarse a esto. En estos lugares, se ha realizado la selección cuidadosa de cuencas, para liberar espacios de reubicación de zonas de riesgo, aunque en realidad estos proyectos de espacio público son más complejos, pues implican legalización, prediación y subsidios nacionales. Por otro lado, históricamente, las quebradas han sido las que han demarcado las relaciones entre los barrios, delimitando los territorios de las pandillas de la comuna oriental. En este caso, los puentes ganan gran significado simbólico, pues no sólo se convierten en lugares de paso sino en espacios de estar, de encuentro y de conexión (*ver Imagen 6*).

Ahora bien, con referencia a los proyectos y realizaciones futuras, en la última estación del Metrocable se localizará el centro de desarrollo empresarial zonal (CEDEZO). Allí, además de un parque, se ubicarán lugares de asistencia para la creación de empresas, manejados por el Banco de las Oportunidades, que otorga subsidio a empresarios y microempresarios. Igualmente, una biblioteca-parque que será de las más grandes de la ciudad, como un gran parque mirador. Entrando en el tejido social del barrio, las calles menores del espacio público se conectarán con la centralidad. Se adiciona, también, el proyecto de mejoramiento de fachadas y saneamiento de las viviendas, con lo cual se aspira a que los equipamientos se conviertan, entonces, en los elementos tensores de la recuperación del espacio público de estos barrios. En síntesis, con el mejoramiento urbano interno de los barrios se está intentando generar turismo local y regional, analizado para promover, a su vez, mayor desarrollo local. Esto, porque Medellín tiene una geografía única para construir en los barrios populares pequeños lugares de encuentro, a diferentes escalas.

¡Este es el urbanismo social que debe exaltarse y propiciarse!

Capítulo VI
El espacio público en Cali:
Del mito purificador del civismo a la privatización de la vida urbana

Fabio Velásquez[*]

En la década del 70, la sociología urbana se preocupó principalmente por el análisis de la estructura espacial de las ciudades –para emplear la terminología de Manuel Castells[1] –, en un intento por superar el "discurso ideológico sobre lo urbano"[2], a partir de una reconstrucción teórica de los elementos esenciales de la cuestión urbana: la relación espacio-sociedad, el papel del Estado y el lugar de los movimientos sociales. Hoy día, sin negar la importancia que siguen teniendo tales dimensiones de análisis, han sido incorporados otros temas que amplían el horizonte de interpretación de ese complejo fenómeno que es la ciudad, entre los cuales ocupan un lugar de privilegio la globalización y sus efectos sobre los componentes económicos, socioculturales y espaciales de la vida urbana, y las nuevas formas de sociabilidad, los modelos de gestión y el derecho a la ciudad[3].

En este nuevo contexto de prioridades teóricas –y políticas–, ha ganado relevancia el tema del espacio público. La cuestión está asociada estrechamente al debate sobre la recuperación de la democracia como forma deseable de organización y manejo de la ciudad. En Colombia, el tema es importante, no sólo por la presencia endémica de un conflicto armado que parece nunca acabar, sino por las transformaciones experimentadas por el Estado a partir de la aprobación de la reforma descentralista a mediados de la década del ochenta, ratificada posteriormente por la Constitución de 1991. Dicha reforma no sólo transformó las relaciones internas entre los distintos niveles de la administración pública en términos políticos, administrativos y fiscales, sino que definió nuevas reglas de juego en la relación entre el Estado y la sociedad, inspiradas en un

* Profesor de la Universidad del Valle. Investigador de Foro Nacional por Colombia.
1 Castells, Manuel, *La cuestión urbana*. Madrid: siglo XXI, 1974.
2 Ibíd., página. 6.
3 Borja, Jordi. Op., cit. 2003.

esfuerzo por crear canales democráticos de intervención de la ciudadanía en las decisiones públicas. La participación ciudadana se erigió como un nuevo paradigma de conductas políticas y ciudadanas –al menos en el terreno del discurso[4]– y, más concretamente, como ingrediente necesario de la gestión de la ciudad. De manera conexa, han ido surgiendo otros temas como el de la cultura ciudadana, la planeación estratégica, el mejoramiento de las condiciones de vida en la ciudad y el espacio público, que hoy acaparan buena parte de las reflexiones urbanas en Colombia y en América Latina[5].

Este ensayo intenta proponer un conjunto de hipótesis sobre lo que está ocurriendo con el espacio público en Cali. Se intentará mostrar que la capital del Valle del Cauca muestra, actualmente, una tendencia regresiva en esa materia, asociada al deterioro de la vida colectiva y de la democracia en la ciudad. Los sectores sociales y políticos poseen agendas diferentes, lo que les impide construir un lenguaje común que les permita caminar por un mismo sendero de reconstrucción colectiva de la vida citadina. La clase dirigente no parece entender esa circunstancia y sigue presa de una inercia en la conducción de la ciudad, que trunca cualquier intento de recuperar los espacios de encuentro y de convertir a Cali en una ciudad de todos y para todos.

El ensayo se divide en dos partes: en la primera, se señalan algunos elementos conceptuales que buscan definir el enfoque desde el cual se aborda la problemática del espacio público. La segunda parte está dedicada a presentar una lectura de lo que ha venido ocurriendo en Cali recientemente, a partir del contraste con lo que vivió la ciudad hace tres o cuatro décadas, cuando se la consideró como la ciudad colombiana cívica por excelencia.

---

4   Un análisis de lo ocurrido con la participación ciudadana en el país puede verse en Velásquez, Fabio y González, Esperanza. *¿Qué ha pasado con la participación ciudadana en Colombia?* Bogotá: Fundación Corona, 2003.

5   Puede consultarse a ese respecto la memoria del Taller de Investigación realizado en la Universidad de Texas, en Austin *The End of Public Space in the Latin American City?*, compilada por Gareth A. Jones y Meter M. Ward (marzo de 2004). Sobre Chile, puede consultarse Segovia, Olga y Dascal, Guillermo (editores). *Espacio público, participación y ciudadanía,* Santiago de Chile: Ediciones Sur, 2002. Algunas hipótesis sobre el tema para América Latina pueden ser consultadas en Carrion, Fernando, *Espacio público: punto de partida para la alteridad*, en Velásquez, Fabio (compilador), Ciudad e inclusión: por el derecho a la ciudad. Bogotá: Foro por Colombia – Fedevivienda. A.T.I. – Corporación Región, 2004, páginas 55-79.

LA CIUDAD Y EL ESPACIO PÚBLICO

El concepto de espacio público es difuso y, por momentos, difícil de aprehender, precisamente por la variedad de los contenidos que le han sido atribuidos. Según Carrión[6], en la historia del concepto, se encuentran tres nociones dominantes: el espacio público como espacio residual, que sirve simplemente de enlace entre usos del suelo específicos; como espacio no privado, es decir, perteneciente a todos y regulado por el Estado; y, finalmente, como espacio en el que se coarta la libertad individual.

Una propuesta alternativa –señala el propio Carrión– debe partir de una doble premisa. Primero, aceptar el lazo estrecho que existe entre las nociones de espacio público y de ciudad. En efecto, una cosa es concebir la ciudad como un lugar de encuentro entre personas y grupos caracterizados por su diversidad, lo que asigna al espacio público la cualidad de factor estructurante de la vida colectiva, y otra muy distinta entenderla como un escenario socio-espacial sometido a la racionalidad del mercado, noción que convierte al espacio público en un "desperdicio" en la lógica de maximización de la ganancia y en elemento marginal y residual en la vida urbana y en la asignación del gasto público destinado a fortalecerlo.

La segunda premisa alude al carácter histórico del concepto: "los espacios públicos cambian por su cuenta y se transforman con relación a la ciudad", dice Carrión[7]. En el pasado, las plazas fungieron como espacios estructurantes de la ciudad, como referentes simbólicos, nodos espaciales y lugares de encuentro. Hoy día, bajo la égida de paradigmas mercantilistas, esos lugares han pasado a un segundo plano y tienden a ser sustituidos por el club social o el centro comercial, donde el encuentro –cuando existe– es en la mayoría de los casos anónimo o simplemente es sustituido por el disfrute individual, sin que exista de por medio interacción alguna con el otro.

La noción de espacio público como lugar de encuentro y, en consecuencia, como componente fundamental de la vida colectiva[8], y para la representación

---

6   Carrión, Fernando,. Op. cit, página 56 y ss.
7   *Ibíd.*, página 58.
8   "El espacio público –escriben Segovia y Oviedo– es un lugar para la manifestación y el encuentro social. En él se satisfacen necesidades urbanas colectivas, que trascienden los límites de los intereses individuales de los habitantes de la ciudad" (Segovia, Olga y Oviedo, Enrique, "*Espacios Públicos en la Ciudad y el Barrio*", en Segovia, Olga y Dascal, Guillermo (editores), op. cit., página 71.

de la propia sociedad, como mecanismo de inclusión y de reconocimiento de la alteridad y espacio de la identidad, está asociada a un concepto de ciudad como escenario colectivo, heterogéneo y complejo, que contiene puntos de contacto (los espacios públicos) a través de los cuales es posible construir unidad en la diversidad y definir el alcance de la ciudadanía.

En esa perspectiva, el espacio público se configura como "lugar", como escenario de construcción de identidad, relacional e histórico, y su calidad podrá ser evaluada por la intensidad y variedad de las relaciones que propicia, por su capacidad de articular la diversidad, y de estimular referentes simbólicos que afirmen sentidos de pertenencia e integración cultural[9].

Un aspecto relevante en la comprensión del espacio público es su doble expresión urbanística y social, lo que algunos han denominado las dimensiones tangible e intangible del espacio público[10]. Segovia y Oviedo lo plantean de la siguiente manera:

"El espacio público tiene dimensiones físicas, sociales, culturales y políticas [...] En tanto escenario de lo cotidiano, el espacio público cumple funciones materiales y tangibles: es el soporte físico de las actividades cuyo fin es 'satisfacer las necesidades urbanas colectivas que trascienden los límites de los intereses individuales', las cuales cumplen desde y dentro de las lógicas económica, social y política y ambientalmente predominantes. Y, además de estas funciones físicas, el espacio público configura el ámbito para el despliegue de la imaginación y la creatividad, el lugar de la fiesta (donde se recupera la comunicación de todos con todos), del símbolo (de la posibilidad de reconocernos a nosotros mismos), del juego, del monumento, de la religión"[11].

Contraponer estas dos dimensiones o, por lo menos, intentar definir a una de ellas como determinante de la otra constituye un error conceptual. Ambas se encuentran ligadas a un tercer factor: el modelo de ciudad contemplado. Es

9   Ibíd.
10 Murillo, Gabriel, Presentación del taller *La redefinición del espacio público en Colombia*. Bogotá, mayo de 2005.
11 Segovia, Olga; Oviedo, Enrique, art. cit., página 70.

éste el que asigna un lugar a lo tangible y lo intangible. El caso de Medellín es un muy buen ejemplo de cómo en el campo de las políticas públicas esos dos elementos son considerados en su relación y cómo, dependiendo de las circunstancias, se le otorga más importancia a uno de ellos: en un momento, fue la construcción de infraestructuras colectivas lo que dominó en las decisiones de inversión, bajo el argumento de que sin ellas la gente no contaría con lugares de encuentro en su vecindario. Posteriormente, fue el componente de cultura ciudadana el que centró la acción de las autoridades municipales. La relación entre infraestructuras públicas y cultura ciudadana varió de tono e intensidad, dependiendo del peso otorgado a cada uno de esos factores en las decisiones de política, pero en ambos casos estuvo en el trasfondo un concepto de ciudad y de barrio como escenarios de encuentro comunitario.

Un ejemplo sencillo puede ilustrar aún más ese análisis: un alcalde puede hacer una inversión pública muy grande en parques, plazas o cualquier otro espacio público, pero si las personas perciben estos espacios como lugares de inseguridad, la inversión pierde sentido. De igual manera, se puede insistir en que la cultura ciudadana y la formación cívica de la gente es un elemento determinante para la vida colectiva en la ciudad, pero si no existen lugares (plazas, parques, calles, alamedas, etc.) para que la gente pueda desplegar esa cultura cívica, el esfuerzo en el cambio de los comportamientos puede quedar truncado al perder significado para la gente.

Son las particularidades de tiempo y lugar de cada ciudad las que definen el balance adecuado entre lo tangible y lo intangible. No existe fórmula mágica que prediga las cuotas adecuadas de uno y otro de manera universal. No es del todo cierto que construyendo infraestructuras colectivas se logran modificar los comportamientos individuales y sociales, pero tampoco lo es pretender transformar las conductas de los urbanistas sin que la ciudad cuente con lugares para que las personas puedan hacer evidente dicho cambio.

En tercer lugar, es importante señalar que el espacio público es altamente heterogéneo. Son varios los vectores que, en su articulación, determinan esa heterogeneidad: las escalas, las dimensiones culturales y los usos del espacio. Las escalas se refieren a los niveles micro, meso y macro. Una cosa es un proyecto de transporte colectivo a escala macro y otra cosa es el espacio de encuentro que se construye en el vecindario. Cada escala posee un significado para la gente y genera referentes simbólicos de diversa naturaleza. Los espacios micro afirman identidades locales, territorialidades, lazos con personas y grupos cercanos. Por su parte, los espacios macro contribuyen a la creación de sentidos de pertenencia a la ciudad y de visiones globales de la existencia urbana que no por anónimas dejan de tener significado para la gente.

Un segundo factor de heterogeneidad tiene que ver con las lógicas desde las cuales cada sector social, grupo o segmento de la sociedad mira el espacio público, lo vive y lo construye como territorialidad. Estudios realizados recientemente sobre el tema muestran que la gente se apropia del espacio con racionalidades propias y bajo aproximaciones culturalmente diferenciadas que, por momentos, pueden mezclarse[12]. Por eso, las formulas únicas resultan inadecuadas y contraproducentes. La experiencia de Bogotá, por ejemplo, aunque ha sido muy novedosa y se ha convertido en un referente para otras ciudades del país y del continente, no puede ser un modelo que se imponga *per se* pues puede terminar "violentando" realidades particulares y produciendo efectos contrarios a los inicialmente buscados. Son los modelos los que deben adaptarse a la realidad, no lo contrario.

Finalmente, otro factor que incide en la heterogeneidad es la forma o el uso del espacio público. Aunque parezca de sentido común decirlo, una cosa es la calle y otra la plazoleta o el parque; una cosa son los espacios urbanos monumentales, otros los espacios barriales[13]. Esas diferentes formas se diferencian no sólo en términos de dimensión, sino también de jerarquía urbana, valor simbólico y uso[14]. Sus funciones son distintas, no sólo desde el punto de vista urbanístico (estructuración funcional del espacio urbano), sino también desde el campo de relaciones sociales que se tejen en torno a cada una de ellas (de convivencia, de dominación, de cooperación, de conflicto).

Hoy día, se observa una fuerte tendencia de relegar a un segundo plano los espacios públicos, tal y como han sido descritos en estas páginas, tanto en el plano de las políticas como de las propias prácticas sociales (agorafobia). O, por lo menos, a sustituir las formas tradicionales por otras que quiebran el fundamento colectivo del espacio público y lo convierten en elemento de consumo individual. Varios factores inciden en esa tendencia. En primer lugar,

---

12 Ver: por ejemplo, Echavarria, María Clara y Rincón, Análida, *Ciudad de territorialidades. Polémicas de Medellín.* Medellín: Universidad Nacional – Conciencias, 2000. Igualmente, Silva, Armando. *Bogotá imaginada.* Bogotá: Taurus – Universidad Nacional – Convenio Andrés Bello, 2003.
13 Aquí se articulan formas y escalas.
14 Segovia, Olga y Oviedo, Enrique, art. cit., página 71.

la lógica privatizante del mercado, que se impone como mecanismo de estructuración de las relaciones sociales; esta lógica busca convertir lo urbano en un elemento lucrativo, suprimiendo cualquier referente de carácter colectivo.

Un segundo factor es la difusión vertiginosa de las nuevas tecnologías de la información y comunicación. Manuel Castells ha señalado en su obra reciente que estas tecnologías conducen a una situación paradójica: para poder encontrarme con el otro, tengo que aislarme[15]. Hay que "encerrase" en un cuarto con computador para entrar en contacto con un segmento virtual de la sociedad. La virtualización de las relaciones sociales es una forma de privatización que sustrae toda importancia a las relaciones cara a cara y al contacto interpersonal, signos característicos de los espacios públicos.

Un tercer factor relacionado con la tendencia al abandono del espacio público, que resulta altamente relevante para Colombia y para otros países de América Latina, es la inseguridad. Se percibe al espacio público como lugar inseguro, nicho de violencia. Esa imagen, fortalecida por relatos difundidos por los medios de comunicación, invade cada vez más la mente de los citadinos y produce sensaciones de temor (el clima de inseguridad), desconfianza y un fuerte retraimiento hacia espacios privados. Como lo señalan con acierto Segovia y Oviedo, *"en este contexto de construcción social de la inseguridad se abandona el espacio público, se pierde la solidaridad, el interés y el respeto hacia los 'otros' y, gran paradoja, en el retraimiento a los espacios 'protegidos' se genera o fortalece la inseguridad en el espacio público [...] Quien permanece en el espacio público es un sospechoso, algo malo intenta. El espacio público se transforma en un espacio sólo para ser transitado"*[16].

Estos factores han llevado a que los lugares de encuentro en la ciudad sean cada vez más fragmentarios, segmentados y privatizados. Las ciudades parecen perder su rasgo central como espacios para el encuentro entre diferentes, por lo menos en la escala macro. La gente prefiere lugares más cercanos, más "conocidos", los de su barrio y su entorno inmediato, fortaleciendo

---

15 Castells, Manuel. *La era de la información. Economía, sociedad y cultura,* Vol. I, En La sociedad red. Madrid: Alianza Editorial, 1998. También, Castells, Manuel, *Galaxia Internet. Reflexiones sobre Internet, empresa y sociedad.* Barcelona: Plaza & Janes, 2001.
16 Segovia, Olga y Oviedo, Enrique, art. cit., página 75.

probablemente los lazos internos, pero desvinculándose del resto de la ciudad. La privatización de la ciudad, anunciada desde hace varias décadas por Richard Sennett a propósito de las ciudades norteamericanas[17], ha llevado a que cada segmento social defina su propio espacio y se refugie en él, en un proceso de autoexclusión urbana que encubre un rechazo a los "otros diferentes" y se nutre de una permanente búsqueda de un mito purificador que tranquilice las conciencias, a través del contacto permanente con los "semejantes".

Cali: del civismo a la pérdida del sentido de ciudad

Esta tendencia a la privatización de la vida urbana permite caracterizar el trayecto recorrido por Cali en años recientes. Considerada como una de las principales ciudades del país, primer centro del sur occidente colombiano y puerta de salida hacia el Pacífico, la ciudad ha vivido dos momentos diferentes en su dinámica urbana. En la década del sesenta, época de rápido crecimiento económico y de fuerte expansión demográfica, y hasta entrados los años ochenta del siglo pasado, Cali proyectó hacia el país y el mundo una imagen de ciudad cívica, caracterizada por el sentido de pertenencia de sus gentes, su disposición a valorar el patrimonio colectivo y a desplegar conductas cotidianas que expresan una cierta sensibilidad hacia lo colectivo: hacer la fila en el paradero de los buses, mantener limpia la ciudad, guardar el orden en el tráfico vehicular, participar en la feria, en los reinados y verbenas. Tales conductas, estimuladas por la élite dirigente de Cali, permearon el comportamiento de los caleños y las caleñas, independientemente de su condición social. Ricos y pobres, jóvenes y viejos, blancos y negros, todos y todas ponían su grano de arena para convertir a Cali, como se decía en aquella época, en el "mejor vividero del mundo".

Lo que expresan estos comportamientos es una cultura ciudadana, una disposición a sentirse parte de un colectivo, de una comunidad, y a comportarse de manera tal que ese sentimiento perdure y la comunidad se integre cada vez más. Es, sin duda, un mito que tuvo un gran ascendiente en la población y que se erigió como imagen dominante de la ciudad. Un mito con una alta eficacia simbólica y práctica, que logró eliminar las connotaciones negativas de la desigualdad social y generó, en los caleños y caleñas, la convicción de vivir en un ambiente de armonía y consenso plenos[18].

---

17 Sennett, Richard. *Vida urbana e identidad personal*. Barcelona: Ediciones Península, 1975.
18 Velásquez, Fabio, *Ciudad y participación*. Cali: Universidad del Valle, 1996, páginas 89 y SS.

Ese mito logró invisibilizar el clima de violencia que vivió la ciudad desde comienzos de la década del ochenta, así como las desigualdades sociales que no dejaban de ser evidentes para un observador externo[19], creando la sensación en la población de que la ciudad, tal y como estaba organizada desde el punto de vista económico (liderazgo empresarial, inversión extranjera, rápida acumulación), político (manejo de la ciudad en manos de familias tradicionales curtidas en la conducción de la ciudad) y social (estructura de clases no polarizada[20], bajo la égida de un empresariado pujante y filantrópico), era la ciudad ideal que no tenía por qué cambiar: la capital de la salsa, la ciudad de las mujeres hermosas, la sucursal del cielo.

Hay que reconocer, en todo este proceso de difusión del civismo, la capacidad de los dirigentes caleños de idear y realizar un proyecto de ciudad cercano a sus intereses, que tuviera un hondo ascendente en el conjunto de la población. Una de las particularidades de Cali es, precisamente, el poder político de los empresarios, expresado en su versatilidad y fluidez para pasar del mundo de la economía y de los negocios al mundo de la política y del control del electorado[21]. Fue esa dirigencia la que impulsó en los años 70 un modelo de articulación de los intereses empresariales a la gestión de la ciudad, que dio lugar a la creación de corporaciones mixtas, una de las cuales, la Corporación para la Recreación Popular, encargada del manejo de los parques y de la construcción de polideportivos en los barrios populares[22], llegó a ser modelo en varias ciudades del país y del extranjero. Este tipo de corporaciones mixtas fue muy importante en la construcción de espacios públicos (tangibles e intangibles), bajo un modelo de corte privatizante en consonancia con los imaginarios empresariales dominantes en ese momento en la ciudad.

A finales de la década del 80 y durante la década del 90, Cali experimentó un cambio radical en su funcionamiento como ciudad. El civismo fue cediendo paulatinamente como referente de las conductas de la población y fue

---

19 Velásquez, Fabio. *Cali y su plan de desarrollo*. En Boletín de coyuntura socio-económica, N° 2, Universidad del Valle, Septiembre de 1980, páginas 28-50.

20 No sobra señalar que Cali es una de las ciudades con mayores índices de desigualdad en todo el país.

21 Prueba de ello es que hasta en la elección popular de alcaldes en 1988, la mayor parte de los alcaldes de la ciudad provenían de las pocas familias de empresarios que desde el siglo XIX monopolizaron la actividad económica en la región, tanto en la industria como en la agricultura y los servicios.

22 El programa desarrollado por la Corporación tenía su sello empresarial. Los polideportivos en zonas populares fueron concebidos como clubes privados, administrados por la comunidad.

reemplazado por imágenes muy diferentes de la ciudad, todas ellas arropadas bajo un imaginario de crisis; el espíritu solidario y la sensación de que se vivía en una especie de paraíso fueron sustituidos por percepciones sobre la inseguridad, la violencia, la desigualdad social y la corrupción en el manejo de la cosa pública.

La realidad pudo vencer al mito. Los indicadores sociales y económicos mostraron una caída significativa, especialmente en la segunda mitad de la década del 90: incremento sustancial de las tasas de subempleo y desempleo, concentración del ingreso, informalidad económica creciente, aumento vertiginoso de las tasas de violencia urbana, reducción de la esperanza de vida, en especial de los hombres, baja significativa en las coberturas netas de educación y vacunación, y disminución de los puntajes promedios en los exámenes de Estado de los bachilleres[23].

A esto se sumó la que fue calificada por propios y extraños como una profunda crisis de liderazgo en la ciudad. Muestra de ello fue el alto número de dirigentes políticos que terminaron en la cárcel como consecuencia del proceso 8.000[24]; la bancarrota de las Empresas Municipales de Cali (EMCALI); el encarcelamiento de Mauricio Guzmán, alcalde de Cali, a mediados de la década, por malos manejos y corrupción; y la ausencia de líderes políticos renovadores que actuaran por fuera de las redes de clientelismo y corrupción. Desde el año 2000, algunos indicadores económicos y sociales comenzaron a mejorar, pero la crisis y, sobre todo, la sensación de crisis, siguen presentes en el ambiente de la ciudad.

Varios factores influyeron en este cambio de rumbo. En primer lugar, la influencia del narcotráfico. Éste tocó la economía, prácticamente en todas sus ramas. El lavado de dinero llevó a que una gran cantidad de sectores económicos (la construcción, las industrias, el comercio, los servicios) se vieran penetrados por recursos procedentes de esa actividad ilícita. Además, creó un cierto "estilo de vida", un incremento del consumo suntuario y, sobre todo, la idea de que se

---

23 La información cuantitativa que respalda estas afirmaciones se encuentra en los anexos al Plan de Desarrollo vigente de Cali.
24 Durante el período presidencial de Ernesto Samper, se destapó en el país un escándalo de gran envergadura relacionado con la financiación ilícita de la campaña presidencial de Samper. Esta financiación se hizo, en parte, gracias a los recursos que aportaron los carteles de narcotraficantes del Valle del Cauca. Toda la investigación del caso recibió el nombre de " Proceso 8.000".

podía ganar mucho dinero en lapsos cortos, así fuera alto el riesgo que se corría. La economía de la ciudad se "infló", creando una especie de burbuja que al estallar no dejó ningún beneficio a la ciudad ni a sus habitantes. La drástica reducción de la inversión que siguió a la captura de los principales capos del sector sólo trajo desempleo, incremento de la inseguridad y una recesión económica de la cual la ciudad no se ha recuperado aún. El otro frente de influencia del narcotráfico, como ya se señaló, fue la clase política. Ésta cayó fácilmente en las redes de los narcotraficantes, quienes lograron convertir a un importante segmento de dirigentes políticos, funcionarios públicos y miembros de las fuerzas del orden, en peones a su servicio.

Otro factor que mucho tuvo que ver con la crisis fue la pérdida de vigencia del viejo modelo de control político de la ciudad. La simbiosis entre empresariado y dirigencia política se fue debilitando, en particular, desde que entró a operar la elección popular de alcaldes. Con ésta, la política se profesionalizó en el nivel local, y un nuevo liderazgo político acaparó los cargos públicos, relegando a un segundo plano al empresariado de la región, hasta ese momento dueño del aparato político y artífice de las principales decisiones sobre la ciudad. Esa nueva generación de políticos profesionales se dedicó, en su mayoría, a dilapidar los recursos del municipio y a competir por el reparto del botín burocrático. Con raras excepciones, como fue el caso del alcalde Rodrigo Guerrero, los grupos que accedieron al poder mediante elecciones locales se dedicaron a buscar su propio provecho, en detrimento de la ciudad y de la mayoría de sus gentes.

Finalmente, hay que señalar que también influyó en la crisis la ausencia de un liderazgo social renovador, que lograra frenar los propósitos banales de la nueva clase política e hiciera su propio aporte a la construcción de un nuevo proyecto de ciudad. El liderazgo tradicional siguió dominando el mundo de las organizaciones comunitarias, muy ligado a las prácticas tradicionales del caciquismo y la búsqueda de prebendas en el escenario público. El interés particular siguió reinando sobre el bien común.

La ciudad de los años 90 era muy diferente a la de los 60 o 70. Había crecido y se había expandido por fuera de sus fronteras tradicionales. La aparición, a comienzos de los años 80, del Distrito de Aguablanca, zona popular que a mediados de la década superaba los 200.000 habitantes, no sólo cambió el rostro de la ciudad sino que modificó, sustancialmente, las prioridades de la inversión pública. Cali ya no era la hacienda de un puñado de terratenientes que se atribuían el derecho a manejarla a su gusto, sino una ciudad de más de millón y medio de habitantes, con un alto porcentaje de inmigrantes, con sectores populares heterogéneos que encontraron en la ciudad un nicho de supervivencia, y con una pequeña clase media surgida del crecimiento de la nómina estatal y de los negocios que habían florecido en las últimas décadas. Esa ciudad diversa en su composición y en sus proyectos de vida ya no podía ser destinataria de un discurso, como el del civismo, que pretendía ocultar las desigualdades y los dramas que vivía buena parte de la población y que, en últimas, terminaba por beneficiar los intereses de quienes habían creado y recreado el mito: los empresarios. Por eso, los caleños y las caleñas comenzaron a desentenderse de la idea del civismo y aceptaron –probablemente a su pesar– vivir una cruda realidad.

Hoy Cali, a pesar de los lamentos de diversos sectores, no posee un proyecto de futuro que anime la conducta de sus habitantes. Es un déficit de hondas consecuencias en la vida económica, social y política y en la organización de la ciudad que, por supuesto, ha tenido su efecto nocivo sobre la concepción y el manejo del espacio público. Ante la ausencia de un modelo de ciudad, no hay una apuesta en materia de espacio público ni un interés por diseñarla y ponerla en marcha. La ciudad ha perdido su identidad y experimenta un proceso de fragmentación y segmentación, tanto en términos urbanísticos como sociales, que impide construir acuerdos colectivos que impriman otra dinámica y una expectativa de futuro a sus gentes.

Los parques y plazas siguen existiendo y la gente los sigue utilizando; de ello no cabe duda. Algunos, como el Río Pance, el Parque de Banderas y el Paseo Bolívar son sitios a los cuales la gente sigue acudiendo a pesar de la crisis y, en parte, como forma de atenuarla o, por lo menos, de olvidarla transitoriamente. Estos espacios siguen siendo punto de referencia para diversos sectores sociales que encuentran en ellos, por tradición o por convicción, un lugar para descansar, para divertirse, para colocar una venta ambulante o para encontrarse con los amigos. Hay una cierta tradición que se mantiene y que probablemente no desaparecerá en el inmediato futuro, mientras sus visitantes entiendan que en esos y en otros lugares de la ciudad pueden cruzarse con el vecino, el amigo o el extraño. Lo que no existe es una acción gubernamental que refuerce dicha tradición, y la convierta en una oportunidad para fortalecer los lazos de solidaridad y contacto –así sea anónimo– entre diferentes.

La actual administración municipal incluyó en el plan de desarrollo algunos objetivos, estrategias y programas relacionados con la recuperación del espacio público, en su doble dimensión físico-espacial y socio-cultural. En materia de equidad social, por ejemplo, el plan propone "fortalecer la cultura ciudadana y el tejido social mediante la preservación del patrimonio cultural, el fomento de las expresiones artísticas y culturales, el desarrollo turístico y la apropiación de lo público". Para tal efecto, define una estrategia de conservación del patrimonio cultural, y de fomento de la cultura ciudadana y las actividades culturales en el espacio público. En materia de seguridad, otro de los frentes específicos de acción del plan, se plantea convertir al espacio público en un escenario para el rerracionamiento ciudadano, que reduzca los niveles de violencia. El plan enuncia una política de defensa del espacio público y ordena la formulación de un "plan especial de espacio público y equipamiento colectivo".

Sin embargo, hasta la fecha no se ha ejecutado un solo proyecto derivado de tales propuestas ni se ha invertido suma alguna en ese campo. No se ha pasado de los enunciados y las buenas intenciones a la acción. La Secretaría de Cultura adelanta algunas tareas encaminadas a fomentar los valores y el sentido de pertenencia a la ciudad por medio de acciones que no poseen la envergadura necesaria para revertir la tendencia al deterioro del espacio público en Cali. Probablemente, lo más relevante que realiza el gobierno municipal es el control de ventas ambulantes, a través de acciones represivas que tienen un efecto transitorio de reducido alcance[25].

La Sociedad de Mejoras Públicas viene adelantando desde la Administración del alcalde John Maro Rodríguez un proyecto de recuperación del espacio público, como parte de las acciones contempladas en un préstamo del BID. El proyecto se acoge a un modelo inspirado en el concepto de cultura ciudadana aplicado en Bogotá y se realiza a través del empleo de mimos, *happenings*, teatro callejero y otra serie de actividades, como la recuperación de parques. Sin embargo, la actual administración no le ha prestado ninguna atención al programa, probablemente por no ser de iniciativa propia, lo que le ha quitado visibilidad y sustraído toda capacidad de generar un efecto positivo en la ciudad.

---

25 Cabe mencionar, igualmente, la aplicación por parte de la Administración Municipal de un fallo de tutela a favor de una población que se vio afectada por el ruido producido por los eventos organizados en dos sitios públicos de la ciudad: el parque de los Cristales y el Museo La Tertulia, lugares emblemáticos. El gobierno del alcalde Salcedo limitó los horarios de los eventos que se realizan en esos escenarios, lo que tuvo consecuencias negativas sobre dichos eventos; por ejemplo, sobre el conocido festival Petronio Álvarez, de música del Pacífico.

De esa manera, los espacios públicos urbanos (escala macro) no preocupan al actual gobierno de Cali, a pesar de que la población sigue haciendo uso consuetudinario de ellos y, sobre todo, de espacios micro (en el barrio, en el vecindario) que siguen teniendo trascendencia como medios de sociabilidad para distintos sectores de la población. Lo que se observa es una fragmentación espacial, que corre paralela a un proceso creciente de segmentación social y de privatización de la vida en la ciudad. Cada quien busca su propio nicho, se aísla y recluye en espacios privados o en pequeños microespacios cuyo rasgo principal es la homogeneidad y, en cierta forma, la exclusión del diferente.

¿QUÉ HACER?

Si el concepto de espacio público está ligado al de ciudad y si ésta constituye el escenario por excelencia para el encuentro entre los diferentes sectores que la habitan, habrá que sentar como premisa práctica que la recuperación y el fortalecimiento del espacio público urbano, en su doble dimensión urbanística y social, depende de la existencia de un proyecto colectivo de ciudad y de una apuesta social y política, enmarcada en los principios y valores de la democracia. Sólo la idea de una ciudad democrática[26] puede orientar la recuperación de Cali como ciudad y de los lugares de contacto e intercambio entre la gente.

Allí está el gran déficit de Cali y, allí mismo, el principal desafío. Enfrentarlo, sin embargo, implica superar diversas dificultades, la primera de las cuales es la diversidad de códigos que circulan en la ciudad: en ella, cada individuo y cada grupo construye su propio lenguaje, a partir del cual interpreta el sentido de su vida y jerarquiza su entorno para adaptarlo a sus necesidades y aspiraciones. Lograr hablar el mismo lenguaje, así no sea el propio, es el primer síntoma de que el intercambio democrático tiene lugar y, en consecuencia, que la ciudad como construcción colectiva no sólo es una posibilidad real sino también una realidad posible. La identificación de ese lenguaje común asegura la convivencia pacífica y propicia una comunicación sin la cual sería quimérico construir mundos compartidos. Es, en otras palabras, la única forma de combatir la privatización de la vida urbana y la desvalorización del espacio público[27].

---

26 Rodríguez, Alfredo. *Por una ciudad democrática*. Santiago de Chile: Ediciones SUR, sin fecha.
27 "Hacer ciudad –escriben Segovia y Oviedo– es construir espacios para la gente, lugares para recorrer y encontrarse, espacios identificables, con referencias físicas cargadas de valor simbólico; es decir, espacios con identidad y valor social, lugares que acogen a quienes busquen conversar, manifestarse políticamente o hacer presentaciones artísticas públicas" (*art. cit.*. página 78).

El gran objetivo de quienes viven en Cali ha de ser, en esa perspectiva, el de recobrar para el espacio público el lugar que le corresponde dentro de la ciudad como espacio de dominio público y *locus* privilegiado de la inclusión[28]. Según Carrión[29], el logro de ese objetivo requiere seguir las cuatro condiciones que definen al espacio público:

a. *Lo simbólico:* el espacio público como referente de identidad y que le permite a la sociedad, y a cada uno de los segmentos que la constituyen, construir su propia auto-representación.

b. *Lo simbiótico:* el espacio público es un espacio de integración social, de encuentro, de socialización y de alteridad, pero sin negar la diversidad sino, por el contrario, enriqueciéndola. Es un espacio para todas y todos.

c. *El intercambio:* en el espacio público, se intercambian bienes, servicios, información, comunicación.

d. *El civismo:* en el espacio público, se forma y ejerce la ciudadanía, se construye la polis.

Los requisitos para potenciar esa cuádruple dimensión del espacio público no son pocos. Algunos son: la confianza en nuevos liderazgos que han comenzado a emerger como consecuencia de la proliferación de espacios de participación, y la multiplicación de redes y organizaciones que buscan un lugar propio en esos escenarios. Se trata, generalmente, de liderazgos jóvenes, en buena parte femeninos y autónomos con respecto a las directrices partidistas y dotados de un compromiso con la organización, su vecindario y la ciudad. Un segundo elemento es facilitar la iniciativa ciudadana en diferentes espacios (la plaza, la calle, la fiesta, la mesa de concertación, el encuentro con las autoridades, etc.). Dicha iniciativa expresa no sólo demandas, sino también aspiraciones y proyectos de vida. Demuestra una cierta sensibilidad hacia el escenario público y una firme conciencia sobre el deber ciudadano de intervenir en los asuntos que interesan al colectivo. Finalmente, promover momentos, eventos y lugares de encuentro para que la gente salga de su nicho privado, se reconozca en sus variadas identidades y vuelva a considerar la ciudad como un espacio "natural" para la deliberación y la formulación de consensos estratégicos.

---

28 Carrión, Fernando, *art. Cit.*, página 73.
29 *Ibíd.*

El cumplimiento de estos requisitos es, quizá, la mejor garantía de que la gente puede ejercer el derecho a la ciudad. Según Lefebvre, éste es el derecho a la centralidad, a no ser periferia: *"El derecho a la ciudad significa el derecho de los ciudadanos a figurar en todas las redes y circuitos de comunicación, de información, de intercambios. Lo cual no depende de una ideología urbanística, ni de una intervención arquitectural, sino de una calidad o propiedad esencial del espacio urbano: la centralidad [...] El derecho a la ciudad significa la constitución o reconstitución de una unidad espacio temporal, de una reconducción a la unidad en vez de la fragmentación"*[30].

El derecho a la ciudad es el derecho a vivir dignamente en ella, a encontrarse con otros diferentes, a construir espacios colectivos de deliberación y construcción de acuerdos, es el derecho a decidir sobre la vida de todos y todas en la ciudad. Es un derecho complejo que involucra dimensiones políticas, sociales, económicas y culturales. Se encuentra ligado a todos los derechos humanos internacionalmente reconocidos, concebidos de manera integral, y es interdependiente con ellos. Es el derecho al lugar, a permanecer en él, a la movilidad, a la belleza del entorno, a la centralidad, a la calidad de vida, a la inserción en la ciudad formal, al autogobierno, a la convivencia. Es, en otros términos, el derecho a vivir dignamente en la ciudad, a reconocerse como parte de ella, a convivir con otros diferentes y a incidir en los destinos colectivos.

En una ciudad como Cali, el derecho a la ciudad puede convertirse en un referente muy valioso para la acción política, en tanto contribuye a configurar una mirada integral, compleja e interdependiente de los derechos humanos, que se corresponde con el carácter complejo de la ciudad como espacio de vida individual y colectiva.

El derecho a la ciudad es un derecho complejo pues implica, para quienes la habitan o la pueden habitar en algún momento, la posibilidad de construir colectivamente un espacio de realización de los derechos humanos del cual nadie puede ser excluido[31]. Involucra varias dimensiones. En primera instancia, el derecho a permanecer en la ciudad como lugar de realización de los proyectos de vida, cuestión que en el caso de la población desplazada resulta ser de vital

---

30 Ibíd.
31 Ver: Velásquez, Fabio (compilador). *Ciudad e inclusión social: por el derecho a la ciudad.* Op. cit., 2004.

importancia. En segundo lugar, el derecho a sentirse parte de la ciudad, a desarrollar un sentido de pertenencia que contribuya a construir proyectos de vida individuales y colectivos. La ciudad no es solamente un ente material, un espacio geográfico para el desarrollo de la actividad económica y social, sino un importante referente simbólico que da sentido a la existencia y contribuye a la construcción de vida colectiva. La territorialidad, entendida como la construcción de referentes simbólicos que dan significado a la existencia en un territorio determinado, es un ingrediente ineludible de la vida urbana, un punto de amarre de las relaciones sociales y un pivote para el desarrollo de comportamientos colectivos en perspectiva democrática.

Una tercera dimensión se refiere al derecho a una vida digna en la ciudad, es decir, la posibilidad de que ésta brinde todas las condiciones para la realización de los derechos humanos. Nuestras ciudades, como lo señalan Alfredo Rodríguez y Lucy Winchester, no sólo albergan a los pobres sino que son, ellas mismas, pobres[32]. En esa medida, no brindan al conjunto de sus habitantes las premisas para el desarrollo de una vida digna. En una perspectiva política, habría que reivindicar en primera instancia que la ciudad ofrezca esas condiciones como estándar mínimo para sus habitantes. En cuarto lugar, el derecho a la ciudad es el derecho a convivir en paz con los semejantes y los diferentes, a crear redes y espacios de encuentro que enriquezcan los intercambios culturales, la deliberación y la formulación conjunta de proyectos de vida en común. Es, en otras palabras, el derecho a realizar la esencia de la ciudad en tanto espacio colectivo. Pero, además, es el derecho a vivir en paz con los demás, a percibir un clima de seguridad, de solidaridad y de cooperación.

La quinta dimensión alude a que el derecho a la ciudad es el derecho a gobernar la ciudad, a intervenir en los asuntos colectivos, a participar en la formulación y seguimiento de las políticas públicas, a elegir y ser elegido, a asociarse para la formulación de iniciativas políticas, a conformar partidos, a acceder a las instancias de gobierno y representación. Desde el punto de vista de la reivindicación de la democracia y la ciudadanía, esta dimensión implica el derecho −y el deber− de quebrar las lógicas del clientelismo y la corrupción, y de fortalecer instituciones democráticas que permitan la realización de los derechos humanos. Finalmente, el derecho a la ciudad es la posibilidad de que

---

32 Rodríguez, Alfredo y Winchester, Lucy. *Fuerzas globales, expresiones locales: desafíos para el gobierno de la ciudad en América Latina"*. En Rodríguez, Alfredo y Winchester, Lucy (editores), Ciudades y gobernabilidad en América Latina. Santiago de Chile: Ediciones Sur, 1998.

ésta se proyecte como un actor en los escenarios regional, nacional e internacional, a fin de obtener logros de beneficio colectivo. Si algo ha generado la globalización hoy día es un mayor protagonismo de las comunidades locales y de sus gobiernos en el manejo del territorio (competitividad, diseño de políticas públicas, negociación con actores extralocales, etc.). La ciudad debe salir de sus propios límites y proyectar sus capacidades y ventajas en beneficio de todos sus habitantes.

En esta perspectiva, el derecho a la ciudad no rebasa ni relega a un segundo plano los derechos simples heredados de la tradición democrática, sino que facilita su interrelación y les otorga un nuevo sentido al relacionarlos con un escenario socio-territorial específico: la ciudad. Por supuesto, ésta es una apuesta de acción política que no puede abstraerse de las circunstancias concretas que viven las ciudades colombianas –en particular Cali–, y que tampoco puede dejar de considerar sus condiciones de posibilidad como utopía realizable. La pregunta a ese respecto no es tanto la de cómo estamos, sino qué sería necesario hacer para que, dadas las circunstancias actuales, podamos caminar hacia el escenario de democracia y ciudadanía, que permita la realización del derecho a la ciudad. Es una pregunta esencialmente política que invita a pensar estrategias de acción, para derrotar las barreras que la realidad misma y algunos de sus protagonistas interponen en el camino, intentando impedir el paso a una nueva forma de vida en Cali.

Como puede observarse, la tarea de recuperación y fortalecimiento del espacio público es compleja, pues pasa por la definición de la ciudad que queremos para nosotros y para las generaciones futuras. ¿Podrá Cali dar el salto cualitativo que le permita superar sus actuales limitaciones y emprender el camino de la inclusión? Las circunstancias actuales llevarían a pensar que no, lo que no significa que sea una empresa imposible. Será ardua y deben ser sus propios habitantes los que, desde ya, emprendan el camino. ¡Mientras más pronto, mejor!

Capítulo VII
El espacio público en Bucaramanga:
Intervención pública y privada

*Hermann Alfonzo**

La Corporación para el Espacio Público de Bucaramanga es una entidad privada de beneficio social y sin ánimo de lucro, creada en abril de 1989. Cuenta, además, con la participación de los sectores público y privado, representados en la Administración Municipal y los gremios de la ciudad, entre ellos Andi, FENALCO, Sociedad de Arquitectos y Sociedad de Mejoras Públicas. Respecto a la participación mixta en la Corporación, se ha podido comprobar lo que efectivamente puede lograrse articulando el sector público y privado en Bucaramanga, dando inicio a un proceso de redefinición del espacio público. Evidentemente, en la actualidad los problemas que querían acabarse no han sido eliminados del todo, pero lo importante, en el caso de la experiencia de Bucaramanga, está en reconocer que la Corporación se creó con el propósito de trabajar, de manera articulada, en procura del mejoramiento de la calidad de vida de los bumangueses.

La Corporación tiene cinco objetivos fundamentales:

1. Defender el derecho ciudadano de usar adecuadamente los espacios públicos, y mantenerlos en condiciones óptimas para su disfrute.

2. Investigar las causas principales de la invasión de los espacios públicos, buscar sus soluciones y desarrollarlas en coordinación con las autoridades municipales.

3. Crear una conciencia ciudadana sobre la conservación y mejoramiento del espacio público.

4. Promover la creación de nuevos espacios públicos y áreas verdes en el área metropolitana de Bucaramanga.

---

* Director Ejecutivo del Centro Cultural de Oriente y de la Corporación para el Espacio Público de Bucaramanga.

5. Ejercer permanente vigilancia sobre el uso legal de los espacios públicos.

Para quienes no conocen Bucaramanga, esta ciudad nació y creció, como toda ciudad colonial, alrededor de una plaza. En este espacio, se encontraba la Alcaldía, la Iglesia de San Laureano, la Capilla de las Nieves, las casas de los fundadores y, más tarde, la Gobernación y el Palacio de Justicia *(ver Imagen 1)*. Poco a poco, fueron creciendo sus calles y carreras y, durante por lo menos medio siglo, la ciudad se ha sometido a un incontenible proceso de urbanización, donde la antigua localidad que, a duras penas abarcaba la meseta, se desbordó por todos sus costados: norte, sur, oriente y occidente.

Con la construcción, a finales de los años 60, del viaducto García Cadena que articula Bucaramanga con el municipio de Floridablanca, se abrió para la ciudad la posibilidad de nuevos avances al sur de la meseta. Este desarrollo también tuvo su auge en la meseta con el proyecto Ciudadela Real de Minas, en terrenos del antiguo aeropuerto Gómez Niño. Este plan de 7.231 viviendas se constituyó, sin duda, en el proyecto urbanístico y arquitectónico más importante de la década del 70. Igualmente, en aquella época se creó el Área Metropolitana, que integró a los municipios de Floridablanca y Girón, y posteriormente a Piedecuesta, para convertirse hoy en un área extensa y densamente poblada. Actualmente, su población aproximada es de un millón cien mil habitantes.

Imagen 1

Sin embargo, una de las problemáticas de Bucaramanga ha sido, como principio axiomático, que el tráfico no puede crecer continuamente sin destruir, desafortunadamente, el espacio urbano. Inclusive, la ampliación vial de la ciudad, con la construcción de vías rápidas, como la carrera 27, la diagonal 15, la calle 36, que atraviesa la ciudad en sentido oriente-occidente y occidente-oriente, y la carrera 21, que al igual que la carrera 27 la atraviesa en sentido norte-sur y sur-norte, entre otras, ha significado el sacrificio de muchas zonas verdes, en procura de dar fluidez al tráfico vehicular.

Gracias a la elección popular de alcaldes[1] (que en la década de los 90 se consolidó y empezó a mostrar resultados), cambió sustancialmente la improvisación en la planeación urbana. Así, obligados por un compromiso político más preciso con la población que los eligió, desde entonces, cada alcalde se ha comprometido con un plan de desarrollo en donde se definen, en un horizonte de tres años, proyectos que tienen grandes implicaciones en el

Imagen 2

1 A partir del gobierno del ex presidente Virgilio Barco, en 1986, se da inicio a la elección de alcaldes por medio del voto popular.

desarrollo urbano de la ciudad. En cuanto al tema de la Planeación, ésta se consolidó con la Ley de reforma urbana 09 de 1989 y la Ley 388 de 1997 de Ordenamiento Territorial. Durante la década de los 90, se avanzó de manera muy tímida en una nueva concepción del desarrollo urbano, pero un importante logro consistió en que los planes dejaron de estar concebidos para promover un aumento posible del tráfico, sino para la conservación y mejora de la calidad de vida de las diferentes zonas de la ciudad, adaptando el tráfico a los espacios disponibles. Con la pretensión de dar prioridad, a los peatones, se dio el cambio de uso de la calle 35 y, bajo la dirección de la Corporación para el Espacio Público, se peatonalizó la calle 35 desde la carrera 12 a la 19, en un proceso de redefinición del espacio público. También, se construyó el Paseo del Comercio *(ver Imagen 2)*, por encontrarse allí la mayor concentración del sector comercial y bancario de la ciudad.

A pesar de estos avances, el manejo del espacio público en la ciudad de Bucaramanga ha sido más consecuencia de actitudes de alcaldes que un proceso continuo y ordenado de planificación. Se han logrado grandes avances con el retiro de casetas y vendedores ambulantes del centro de la ciudad y la construcción de dos centros comerciales para albergarlos; pero hoy, desafortunadamente, los sectores recuperados, como el Paseo del Comercio, se encuentran nuevamente invadidos, sin que exista una respuesta a corto o mediano plazo por parte de la Alcaldía. Sin embargo, en el proceso de mejora de la movilidad urbana, la Corporación se involucró en la construcción de un nuevo viaducto, se realizó el intercambiador de la Puerta del Sol, y se desarrolló un plan de recuperación y creación de parques. Así, el parque de la Flora y el Parque del Agua *(ver Imagen 3)* surgieron como dos espacios fundamentales para la recreación de los ciudadanos; inclusive, el Parque del Agua obtuvo en el 2004 el premio nacional de arquitectura.

Asimismo, desde el punto de vista turístico, que para la ciudad es muy importante, se realizó el proyecto de rediseño y ampliación de uno de los ejes viales más importantes de la ciudad: la carrera 33 *(ver Imagen 3)*, que atraviesa el sector de la meseta de la ciudad en sentido norte-sur, sur-norte. Dado el crecimiento de esta vía, construida años atrás, se transformó el uso primario que tenía. Pasó de estar rodeada de viviendas a ser un sector comercial que, en la actualidad, se caracteriza por amplios andenes que facilitan la circulación de los peatones, produciendo nuevos espacios públicos más agradables y aceptados por la comunidad. El proceso de redefinición del espacio público buscó ampliar las áreas disponibles para el peatón, intentando integrar en el contexto de un

Imagen 3

nuevo paisaje urbano el concepto de ciudad humanizada. Este trabajo lo proyectó la Corporación, y también lo ejecutó en una primera etapa.

Otro proyecto relacionado con la recuperación de las zonas verdes se encuentra en el parque San Pío, el cual ha sido concebido como una franja de amortiguamiento ambiental dentro del sistema residencial del sector de Cabecera, y que cumple la función de sostenibilidad y equilibrio paisajístico dentro de los nuevos desarrollos urbanos del sector oriental de la ciudad. En este sentido, el municipio recuperó las zonas verdes y los andenes del entorno, potenciando el uso recreativo en un sector del parque, con parqueaderos bajo las instalaciones deportivas, y dejando otro sector para la recreación pasiva y la contemplación.

Por otro lado, es claro para la mayoría que el crecimiento de las ciudades tiene como consecuencia un aumento desmedido del parque automotor, generando efectos negativos en la calidad de vida y la productividad urbana, debido a la congestión, la contaminación ambiental y los accidentes de tránsito. Una de las razones por las que la población adquiere vehículo y lo utiliza para desplazarse dentro de la ciudad es la deficiente calidad del transporte público, situación que evidencia la necesidad de implementar un sistema de transporte masivo eficiente, complementado con otras alternativas de movilidad como la bicicleta. Esto trae consigo un sinnúmero de beneficios pero, a la vez, requiere de una infraestructura compuesta por una malla de ciclorrutas y todos los equipamientos necesarios para brindar a los usuarios las comodidades básicas y un desplazamiento seguro y confortable.

Así, con el ánimo de continuar con el proceso de mejorar la movilidad, la Corporación adelanta, también, un proyecto muy importante para Bucaramanga y Girón. Consiste en la creación de un canal de conectividad entre los dos municipios, presentando en su recorrido gran variedad en el uso y tratamiento del suelo. El proyecto se desarrolla bajo la concepción de intervenir como una pieza fundamental en el equilibrio metropolitano –al ser amortiguador del deterioro ambiental–, suministrar diversidad biológica, y constituirse en un elemento clave en la articulación de la movilidad peatonal. De esta manera, se pretende mejorar las condiciones para el uso y disfrute del espacio público con base en un modelo de recuperación ambiental y renovación urbana.

A su vez, se ha procurado enfocarse en un trazado y un diseño urbano en los que estén presentes la creación de recorridos y la búsqueda de perspectivas y reconocimiento de dichos espacios, de forma que al complementarlos con una rica arborización, hagan del proyecto un sitio amable y vivencial, a través del uso de diferentes especies arbóreas propias de las condiciones geográficas de la región. En el espacio interior, según está concebido el proyecto, las zonas de encuentro tienen un tratamiento básico, con las vías peatonales como elemento integrador y la arborización como elemento diferenciador. Estos elementos cumplen la función de encuentro y permanencia, relacionando visual y peatonalmente el proyecto.

Dicho parque lineal, que simultáneamente lleva un tramo de ciclorrutas, va articulado a un proyecto de transporte masivo: Metrolínea. Éste busca implantar un sistema de transporte eficiente, aprovechando la oportunidad que se presenta con el proyecto para generar procesos de renovación urbana y recuperación del espacio público en los corredores del sistema. En el corto plazo, se pretende dotar a la ciudad de un sistema público de movilización, diseñado con el propósito de ser eficiente, seguro, confortable y asequible a todos los ciudadanos. Paralelo a este sistema de transporte masivo, el municipio avanza en el desarrollo del plan maestro de ciclorrutas para toda la ciudad. En una primera fase, ya se han construido vías que unen el municipio de Bucaramanga con Girón, pero el sistema tiene proyectada una longitud de 30 a 35 km.

Además, como objetivos específicos, el proyecto busca:

1. Determinar la red óptima de ciclorrutas para el área metropolitana, que apoye y complemente las rutas alimentadoras al sistema de transporte masivo.

2. Plantear y desarrollar las estrategias sociales y económicas requeridas para la implementación de la red.

3. Definir el modelo de acciones sociales, ambientales, económicas, técnicas y políticas que orienten la puesta en marcha del plan.

4. Establecer los procedimientos necesarios para el desarrollo de las diferentes etapas de diseño, construcción y mantenimiento de la red.

5. Aplicar el modelo definido al diseño de un tramo tipo.

En cuanto al Plan de Ordenamiento Territorial, la Corporación para el Espacio Público ha ido avanzando en el desarrollo de planes parciales: uno, realizado con la participación del sector privado en la zona donde se construyó el almacén Éxito, y el Plan Centro, actualmente en proyecto, donde también participa la Cámara de Comercio de la Ciudad.

Otra tarea pendiente de la administración municipal ha sido la intervención y recuperación del centro de la ciudad. Esta falta de atención puede justificarse por la situación económica del municipio. Sin embargo, con buena gestión y voluntad política es viable el proceso de renovación urbana de esta zona, cuyo propósito central es recuperar las áreas construidas que se encuentran degradadas, revitalizándolas y direccionando sus funciones en el tejido urbano agotado, y proteger el patrimonio cultural. El centro requiere un plan especial para mejorar su calidad urbanística y ambiental, que cuente con la integración de todos los sectores en la implementación del mismo, tanto en su interior como en la periferia inmediata. El estado actual de esta zona exige intervenciones urbanísticas y sociales para la recuperación o cambio de sus funciones urbanas dentro del contexto de la ciudad. Se requieren una serie de procesos, expresados en su realidad histórica, en sus tendencias económicas, en su necesidad y oferta de servicios y equipamientos urbanos y sociales, y en la atención a la demanda de vivienda.

Por otra parte, un problema relacionado con la planificación del desarrollo urbano es que la gestión de los municipios del Área Metropolitana de Bucaramanga está en manos de grupos o movimientos políticos que se turnan el poder local, sin perspectivas de continuidad en los planes de desarrollo o los proyectos estratégicos. Aunque puede gestarse una visión del desarrollo urbano, social y económico local, sin el sujeto político el proyecto no es viable. El caso de Metrolínea es el más indicativo de esta realidad puesto que el proceso de concertación con los municipios del Área Metropolitana ha sido difícil.

Además, no hay duda de que Colombia es un país de regiones, ciudades y pequeños pueblos, y por razones de desigualdad e inequidad muchos de ellos se sumergen en el atraso y la marginalidad. Conjuntamente, la implementación del proceso de descentralización no ha dado sus frutos. Los intereses centralistas del gobierno nacional se manifiestan a través de actitudes como el recorte de las transferencias territoriales. Por lo tanto, el país requiere un nuevo modelo de ordenamiento territorial, que dé una mirada diferente. Se necesita una alternativa político-administrativa capaz de articular los procesos económicos, sociales y políticos. A su vez, la complejidad de la realidad desborda el desarrollo urbano previsto en las ciudades, y la desindustrialización, la falta de inversión en proyectos productivos, el desplazamiento, la pobreza y la miseria, inciden profundamente en la conformación de ciudad.

El modelo de Área Metropolitana de Bucaramanga, que reúne también a los municipios de Girón, Piedecuesta y Floridablanca, claramente no ha logrado articular los procesos de construcción de metrópolis, ni ha podido responder a la situación de conflictividad social que genera, entre otros problemas, asentamientos indiscriminados e invasiones, informalidad económica, atraso en la malla vial y caos del transporte público. De tal manera, el establecimiento de la horizontalidad municipal, necesaria para realizar cambios fundamentales en la planeación del orden metropolitano, no ha sido posible. Tampoco se ha logrado la proyección esperada por la falta de coordinación y de voluntad política hacia la construcción de un espacio sostenible social, económica y ambientalmente.

Son muchos los intereses de los poderes locales que inciden en el proceso de configuración de una unidad urbana, que permita responder a los innumerables problemas que confluyen en un territorio que necesita un ordenamiento territorial integrado. Todas estas expresiones de voluntad deben ser concertadas bajo la dirección de la Alcaldía, en un proceso que permita visualizar y proyectar esa ciudad de espacios generosos que puedan ofrecer parques, alamedas, calles y avenidas para el peatón, espacios que reflejen una nueva visión del espacio público. Así como puede cambiar el espacio público, pueden multiplicarse los rostros de la ciudad y los rostros de la gente que siente su ciudad.

Es importante reflexionar sobre las circunstancias que hoy hacen difícil el manejo integrado del desarrollo urbano con los municipios del área. El compromiso es muy grande, porque en la medida en que la ciudad ha venido creciendo, el fenómeno urbano se ha hecho más complejo. A pesar de esa complejidad y conflictividad, debemos mantener el propósito de soñarla, de proponerla para hacer de ella un espacio amable. El diálogo con todos los sectores es fundamental en el proceso de construcción de ciudad. Las mesas de trabajo propuestas por la Corporación para el Espacio Público e integradas por los sectores público y privado han permitido la reflexión y el análisis de realidades con el fin generar nuevas visiones.

Ante estas circunstancias, existe la prioridad de promover una estructura político-administrativa adecuada y dotada de instrumentos que garanticen una planeación económica y social eficiente, y unas finanzas públicas con capacidad de proveer recursos y medios para la acción gubernamental. Se requiere una forma de gobierno y administración que responda al más de millón de habitantes que viven en el área. La alternativa es la de un régimen político administrativo, aplicable a las características locales que, a su vez, permita el desarrollo de un escenario más equitativo y justo, en el que todas las partes contribuyan y participen en el logro de un beneficio colectivo.

Finalmente, hacer ciudad hoy es, ante todo, hacer ciudad sobre la ciudad. La redefinición del espacio público es una prioridad. Frente a esto, todos tenemos un compromiso. Hay voluntad y se proyectan propuestas que articulan el desarrollo urbano, pero es el sector público quien debe actuar como promotor y líder de un proceso que, con el concurso de todos los sectores económicos, sociales y académicos, pueda hacer de la ciudad un espacio para la vida y el encuentro. En este momento, Bucaramanga es presencia y permanencia. La presencia nos revela los cambios urbanísticos funcionales y estéticos en proceso, cambios que se traducen en los hábitos de sus habitantes y en un nuevo modo de vida. La ciudad se torna cada vez más plástica, diseñada para el ojo, el tacto y el contacto. De esta manera, los proyectos en ejecución que se han mencionado, como el de la remodelación de la carrera 33 y la construcción de los parques Del Agua y La Flora, más que como ejemplos se erigen como paradigmas de hacer ciudad.

LOS AUTORES

Gabriel Murillo, politólogo de la Universidad de los Andes en Bogotá, Colombia. Magíster en Ciencia Política de la Universidad de Nueva York, en Buffalo, y egresado del programa SPURS del Instituto Tecnológico de Massachussets, MIT, de Boston. Actualmente, es profesor titular del Departamento de Ciencia Política de la Universidad de los Andes, del cual fue director durante 12 años. Ha sido profesor visitante en numerosas universidades europeas, norte y suramericanas, consultor internacional y miembro fundador de la Red Interamericana para la Democracia, RID.

Tatiana Márquez, politóloga de la Universidad de los Andes, con opción en Filosofía. Durante su carrera, fue monitora de cursos en las áreas de Filosofía Política y Teoría del Estado. También, formó parte del comité editorial del periódico estudiantil El Franco. Su trabajo de grado tiene como tema el Espacio Público.

Antanas Mockus, matemático de la Universidad de Dijon en Francia y Magíster en Filosofía de la Universidad Nacional de Colombia, de la cual fue Vice rector y Rector. También, fue Alcalde Mayor de Bogotá en dos ocasiones, la primera de 1995 a 1997 y la segunda de 2001 a 2003. Es profesor asociado de la Universidad Nacional de Colombia y ha sido profesor visitante de la Universidad de Harvard, en Boston, y del Nuffield College de la Universidad de Oxford, invitado por la Academia Británica.

Enrique Peñalosa, economista e historiador de la Universidad de Duke, en Estados Unidos, Magíster en Métodos de Gestión de l'Institut International D'Administration Publique y Doctor en Ciencia Administrativa de la Universidad Paris II en Francia. Fue Concejal de Bogotá, Secretario Económico de la Presidencia durante el gobierno de Virgilio Barco y Alcalde Mayor de Bogotá en el período de 1998 a 2001. También, fue decano de la Facultad de Administración de Empresas de la Universidad Externado de Colombia y profesor de la Facultad de Economía de la Universidad de los Andes. Actualmente, es director de la Fundación "Por el país que queremos" y consultor internacional en temas relativos a la concepción y la gestión urbana.

Leticia Santín, politóloga de la Universidad Nacional Autónoma de México, UNAM, Magíster en Ciencia Política y Derecho Constitucional del Centro de Estudios Constitucionales de Madrid, y candidata al Doctorado en Filosofía Política de la Universidad Nacional de Educación a Distancia de España. Ha sido investigadora de la Facultad Latinoamericana de Ciencias Sociales, FLACSO, de México. Actualmente, forma parte del Comité de Evaluación de los programas municipales del Premio de Gobierno y Gestión Local, impulsado por el CIDE y la Fundación Ford. También, se desempeña como Secretaria de la Red de Investigadores en Gobiernos Locales Mexicanos, IGLOM.

Alejandro Echeverri, arquitecto de la Universidad Pontificia Bolivariana de Medellín, UPB. Realizó estudios avanzados de Urbanismo y Planeación Territorial en la ETSAB, de Barcelona. Ha sido consultor privado en temas de Urbanismo y Planeación Territorial. En 1996, obtuvo el Premio Nacional de Arquitectura de la Sociedad Colombiana de Arquitectos, SCA. También, ha sido profesor, investigador y director del grupo de estudios en arquitectura de la UPB. Actualmente, es Gerente General de la Empresa de Desarrollo Urbano del Municipio de Medellín, EDU.

Fabio Velásquez, sociólogo de la Universidad Javeriana de Bogotá y Especialista en Ordenación del Territorio de la Universidad Politécnica de Madrid. Es candidato al Doctorado en Ciencia Política de la Universidad de Lausana, en Suiza, y profesor titular de la Universidad del Valle, consultor internacional e investigador de la Fundación Foro Nacional por Colombia.

Hermann Alfonzo, arquitecto de la Universidad Piloto de Colombia y especializado en asuntos urbanos. Fue Director de la Oficina de Planeación de Bucaramanga y del Área Metropolitana. Gerente de la Lonja de Propiedad Raíz y Director Ejecutivo de la Fundación para el Desarrollo de la Mesa de los Santos. Actualmente, es Director Ejecutivo del Centro Cultural del Oriente.

ASISTENTES

- *Acevedo Rafael*, Corporación del Espacio Público de Bucaramanga.

- *Alfonzo Hermann*, Director Corporación del Espacio Público de Bucaramanga.

- *Ángel José Fernando*, Secretario de Tránsito y Transporte de Medellín.

- *Angulo Carlos*, Rector Universidad los Andes.

- *Araújo Dionisio*, Director Federación Nacional de Comerciantes (FENALCO).

- *Ariza Ricardo*, Defensoría del Espacio Público de Bogotá.

- *Arnson Cynthia*, Subdirectora Programa Latinoamericano WWICS.

- *Becerra Adrián*, Asistente Empresa de Desarrollo Urbano de Medellín (EDU).

- *Borja Jordi*, Académico español. Consultor Internacional.

- *Camacho Gerardo*, Oficina de Planeación Distrital de Bogotá.

- *Castañeda Nathalia*, Estudiante de Ciencia Política Universidad de los Andes.

- *Castaño Lina María*, Investigadora Bogotá cómo vamos?

- *Durbin Paula*, Especialista en Asuntos Públicos Fundación Interamericana (IAF).

- *Echeverri Alejandro*, Gerente Empresa de Desarrollo Urbano de Medellín (EDU).

- *Fernández Francisco*, Director Fondo de Prevención y Seguridad Vial.

- *Florián Alejandro*, Director Fedevivienda.

- *Fros Alejandro*, Banco Interamericano de Desarrollo (BID).

- *Galvis Claudia*, Ex defensora del espacio público de Bogotá.

- *Gómez Beatriz*, Creativa Periódico El Espectador.

- *Gómez Victoria Carolina*, Politóloga Universidad de los Andes.

- *Henao Gloria*, Cámara de Comercio de Bogotá.

- *Langebaek Carl Henrik*, Decano Facultad de Ciencias Sociales, Universidad de los Andes.

- *Luna David*, Concejal de Bogotá.

- *Macías Camilo*, Fundación Por el País que Queremos.

- *Márquez Tatiana*, Estudiante de Ciencia Política, Universidad de los Andes.

- *Martínez Sandra*, Politóloga, Universidad de los Andes.

- *Mason Ann*, Directora Departamento de Ciencia Política, Universidad de los Andes.

- *Menéndez Inocencio*, Profesor Facultad de Derecho Universidad de los Andes.

- *Mockus Antanas*, Ex alcalde de Bogotá. Profesor Universidad Nacional, Oxford University.

- *Montoya Soraya*, Ex secretaria de Gobierno de Bogotá, (Alcaldía Mockus).

- *Murillo Gabriel*, Profesor Departamento de Ciencia Política, Universidad de los Andes.

- *Orjuela Luis Javier*, Profesor Departamento de Ciencia Política, Universidad de los Andes.

- *Orozco Iván*, Profesor Departamento de Ciencia Política, Universidad de los Andes.

- *Ortegón Roberto*, Presidente, Consejo Nacional de Planeación.

- *Ortiz Catalina*, Directora, Fundación Terpel.

- *Peñalosa Enrique*, Ex alcalde de Bogotá. Director Fundación Por el País que Queremos.

- *Pizano Lariza*, Editora política, Revista Semana.

- *Rettberg Angelika*, Profesora Departamento de Ciencia Política Universidad de los Andes.

- *Rodríguez Harvey*, Confederación de Cámaras de Comercio (CONFECÁMARAS).

- *Rodríguez Natalia*, Estudiante de Ciencia Política Universidad de los Andes.

- *Ronderos Camila*, Investigadora Corporación Ciudad Humana.

- *Sánchez Angélica*, Revista Semana.

- *Santín Leticia*, Investigadora mexicana. IGLOM.

- *Selee Andrew*, Director del Instituto México, Programa Latinoamericano WWICS.

- *Silva Felipe*, Director Relaciones Públicas Periódico El Espectador.

- *Suárez Mario*, Concejal de Bogotá.

- *Tobón María Teresa*, Directora Centro de Trayectoria Profesional Universidad de los Andes (CTP).

- *Velásquez Fabio*, Profesor e investigador Universidad del Valle.

- *Villamizar Ramón*, Investigador Fundación Terpel.

- *Zambrano Fabio*, Profesor Departamento de Historia Universidad de los Andes.

Calle 20 No. 3-19 Este
Entrada Quinta de Bolívar
PBX: 3419588 Fax: 243 62 81
e-mail:info@corcaseditores.com